PETRA KATRIN SCOTT

BACKEN MIT KRÄUTERN UND BLÜTEN

Kaffeeklatsch mit Frischekick

DAS WIRD HIER GEBACKEN

4	BASILIKUM LIEBT ERDBEERE! WER PASST ZU WEM?
6	TIPPS, TIPPS, TIPPS

8	**BASILIKUM**
16	**DUFTGERANIEN**
22	**ESTRAGON**
28	**HOLUNDERBLÜTEN**
34	**LAVENDEL**
42	**MINZE**
52	**PETERSILIE**
58	**RINGELBLUMENBLÜTEN**
64	**ROSENBLÜTEN**

72	**ROSMARIN**	126	**REZEPTE UND KRÄUTER SCHNELL FINDEN**
80	**SALBEI**	128	**ZUM WEITERLESEN**
86	**THYMIAN**		**DIE AUTORIN**
94	**ZITRONENGRAS**		
102	**ZITRONENMELISSE**		
108	**ZITRONENVERBENE**		
114	**DILL, KERBEL, KORIANDER, LORBEER UND MAJORAN**		

WER PASST ZU WEM?

Es ist kaum zu glauben, was ein so kleines, oft auch unscheinbares Küchenkraut alles kann. Vor tausenden Jahren bis zum Mittelalter waren unsere Vorfahren von den magischen Kräften einiger Kräuter überzeugt. Ob nun ein Mittel gegen böse Hexen benötigt wurde, das Altern hinausgezögert werden sollte oder es einer Stärkung für eine Liebesnacht bedurfte – Kräuter konnten es richten.

Spätestens im Mittelalter begann auch der Siegeszug der Heilkräuter, der bis heute anhält. Auf diesem Gebiet entfalten die Kräuter einen Großteil ihrer wahren Magie und können viele Beschwerden effektiv heilen oder lindern.

Kräuter vollbringen aber auch im kulinarischen Bereich wahre Wunder. Eine Küche mit reichlich Gemüse, Obst und Kräutern ist so populär wie nie und oft sind es die Kräuter, die einem Gericht den letzten Schliff oder die entscheidende Note geben.

In die süße Küche bringen Kuchenkräuter Frische und Leichtigkeit, verwandeln sogar verstaubte Standardrezepte in moderne Klassiker und sorgen für hübsche Farbeffekte.

Wer Lust hat, sich auf die süße Welt der Kuchenkräuter einzulassen, kann nicht viel falsch machen. Die Kräuter sollten möglichst frisch sein und wer unsicher ist, wie viel Kräuter dem Kuchen gut tun, der gibt sie schrittweise hinzu und schmeckt immer wieder ab.

BASILIKUM
Die beste Wahl für Kuchenkräuter-Einsteiger. Ein paar Blätter mehr oder weniger richten keinen Schaden an. Basilikum verfeinert Cremes und Obstsalate. Er harmoniert mit vielen Früchten, insbesondere aber mit Erdbeeren, Zitronen und Limetten und passt gut zu weißer Schokolade. Basilikum sorgt für zusätzliche Farbe und sollte nicht mitgebacken werden.

DILL
Die süßliche Würze des Dills passt perfekt zu Mangos, Nektarinen und Pfirsichen und dient zum Verfeinern von Cremes. Dill sollte nicht mitgebacken werden.

DUFTGERANIEN
Die Blätter der Duftgeranien mit Rosen- oder Zitronenduft können mitgebacken werden und aromatisieren so Rührteige. Sie eignen sich aber auch sehr gut zum Würzen von Cremes und Obstsalaten.

ESTRAGON
Das Kraut verfeinert in erster Linie Cremes. Frischer Estragon schmeckt himmlisch in Verbindung mit Zitronen oder Limetten.

HOLUNDERBLÜTEN
Der Einfachheit halber verwende ich Holunderblütensirup (am besten selbstgemacht). Der Sirup würzt Rührteige und Cremes und passt sehr gut zu Stachelbeeren, Rhabarber und Erdbeeren.

KERBEL
Die Kombination von Kerbel und frischen Äpfeln ist ein Gedicht. Das Kraut kann aber nicht mitgebacken werden.

KORIANDER
Zusammen mit Mango oder Maracuja würzt er Cremes. Doch Vorsicht bei der Dosierung: Der Geschmack ist sehr dominant. Koriander kann nicht mitgebacken werden.

LAVENDEL
Am einfachsten ist die Verwendung von getrockneten Lavendelblüten. Fein gemahlen können sie mitgebacken werden. Lavendel verfeinert Cremes und harmoniert sehr gut mit Beeren und Pfirsichen. Die Würze des Lavendels ist recht ausdrucksstark und er sollte deshalb vorsichtig dosiert werden.

LORBEER
Aufgrund seiner harten Blätter kann Lorbeer nicht mitgebacken werden. Er lässt sich aber hervorragend einsetzen, um Cremes und Füllungen zu würzen.

MAJORAN
Majoran verfeinert Cremes und passt gut zu Erdbeeren – sollte aber sehr behutsam dosiert werden.

MINZE
Minze kann zwar mitgebacken werden, aber in erster Linie verfeinert sie Cremes und Füllungen und peppt Obstsalate auf. Minze harmoniert mit Erdbeeren, Steinfrüchten, einigen exotischen Früchten und mit Schokolade. Die kühle Frische passt am besten zu sommerlichem Gebäck.

PETERSILIE
Petersilie passt gut zu weißer Schokolade und Milchprodukten. Außerdem sorgt sie für zusätzliche Farbe.

RINGELBLUMENBLÜTEN
Getrocknet aromatisieren sie Cremes, harmonieren gut mit Orangen und eignen sich gut zum Dekorieren von Gebäck.

ROSENBLÜTEN
Es gibt mittlerweile so viele Rosenprodukte zu kaufen, dass niemand mehr seine schönsten Gartenrosen opfern muss. Rosenwasser, -sirup oder -gelee würzen Rührteige, verfeinern Cremes und passen gut zu Beeren, Steinfrüchten und Schokolade.

ROSMARIN
Rosmarin ist ein Allroundtalent. Die feingehackten Blätter können mitgebacken werden, er verfeinert Cremes und passt sehr gut zu Steinfrüchten und herbstlichem Obst wie Äpfeln und Birnen.

SALBEI
Salbei kann sowohl mitgebacken als auch zum Würzen von Cremes verwendet werden. Die kräftige Würze benötigt etwas Fingerspitzengefühl bei der Dosierung.

THYMIAN
Thymian ist ein weiterer Alleskönner, der mitgebacken werden kann, aber auch hervorragend Cremes und Füllungen verfeinert. Er harmoniert mit vielen Früchten.

ZITRONENGRAS, ZITRONENMELISSE UND ZITRONENVERBENE
Die Kräuter können überall dort eingesetzt werden, wo ein elegantes Zitronenaroma gewünscht wird. Sie sorgen für Frische und Leichtigkeit und verfeinern in erster Linie Cremes.

TIPPS TIPPS TIPPS

Damit auch alle Kuchen bestens gelingen, hier ein paar Tipps zu den Rezepten und zur Zubereitung.

GEDULD HABEN

Für alle, die nach Methoden suchen, um die Herstellungszeit zu verkürzen: Es lohnt sich nicht! Dinge wie höhere Temperaturen, keine Ruhezeiten, kürzer rühren, nicht sieben und so weiter erzeugen im besten Fall ein mittelmäßiges bis schlechtes Backprodukt. Im schlimmsten Fall muss man sogar von vorne beginnen.

MAL MEHR, MAL WENIGER SÜß

Es ist durchaus eine gute Idee den Zuckergehalt von Cremes und Füllungen abzuschmecken und sich nicht eisern an die Rezeptvorgaben zu halten. Jeder hat seine eigene Vorstellung von der richtigen Süße, die dann auch noch je nach Jahreszeit und Lebenslage variieren kann. An einem „Bad-Hair-Day" kann es vermutlich gar nicht süß genug sein. Sind Früchte involviert, so hängt die benötigte Zuckermenge zudem stark von dem Säuregehalt der Früchte ab.

BACKTIPPS

Wer Probleme hat, Kuchen und anderes Gebäck aus den Backformen zu lösen, der sollte die Formen nicht nur einfetten, sondern zusätzlich mit Mehl bestäuben. Überschüssiges Mehl wird anschließend einfach ausgeklopft. Bei runden und eckigen Backformen bietet sich außerdem eine zweite Variante an: die Backform zunächst leicht einfetten, Backpapier auf die Größe der Backform zurechtschneiden und dann die Backform vollständig damit auskleiden.

Jeder Ofen ist anders. Wer seinen Ofen gut kennt, weiß damit umzugehen. Die angegebenen Temperaturen und Backzeiten sind somit nur als Richtwerte zu verstehen. Am besten den Backfortschritt nach ca. der Hälfte der Backzeit regelmäßig überprüfen.

Wer gerne mit Umluft backt, reduziert die angegebene Temperatur um 20 °C und sollte damit rechnen, dass sich die angegebene Backzeit um ca. 5–10 Minuten verkürzt.

Die Wahl der Backform wirkt sich ebenfalls auf die benötigte Temperatur und Backzeit aus. Bei der Verwendung von Backformen, die von denen in den Rezepten abweichen, kann sich die Backzeit verlängern oder verkürzen.

Ein Kuchen ist gar, wenn an einem eingeführten Holzstäbchen beim Herausziehen kein Teig mehr anhaftet.

EISCHNEE SCHLAGEN
Eiweiß lässt sich am einfachsten zu einem festen Eischnee schlagen, wenn die Eiweiße ein paar Tage alt sind und vor der Weiterverarbeitung Raumtemperatur angenommen haben.

KLÜMPCHENFREIE CREMES
Eingeweichte Gelatine sollte nur bei mäßig warmen Temperaturen aufgelöst werden. Wird Gelatine zu heiß, geliert sie nicht mehr. Die aufgelöste Gelatine immer mit ein paar Esslöffeln der Füllung verrühren, bevor sie unter die gesamte Füllung gerührt wird. Auf diese Weise gleicht man die Temperatur an und verhindert, dass sie verklumpt.

FRISCHE KRÄUTER
Solange im Rezept nicht anders angegeben, bitte nur frische Kräuter verwenden, da die meisten Kräuter im frischen Zustand aromatischer schmecken.

SCHOKOLADE SCHMELZEN
Schokolade wird in einer hitzebeständigen Schüssel über dem Wasserbad geschmolzen. Wer schon einmal auf einen eigenartigen, trockenen Klumpen Schokolade geblickt hat, der weiß, dass das Wasserbad auf gar keinen Fall zu heiß werden darf und dass die Schokolade nicht mit dem Wasser in Berührung kommen sollte. Weiße Schokolade ist am empfindlichsten und sollte nur über einem mäßig warmen Wasserbad geschmolzen werden.

RICHTIG RÜHREN BZW. KNETEN
Das A und O bei der Herstellung von Rühr- und Biskuitteigen ist es, die Butter-Zucker-Mischung bzw. die Ei-Zucker-Mischung wirklich lange genug zu rühren, bis eine helle, schaumige bzw. cremige Masse entstanden ist. Das kann bis zu 10 Minuten dauern, aber dieser Zeitaufwand lohnt sich allemal!

Die sicherste Methode einen Mürbeteig herzustellen ist die Zutaten per Hand zu einem glatten Teig zu kneten. Wer nicht auf seine Küchenmaschine verzichten möchte, sollte nur so lange rühren, bis die Zutaten beginnen sich zusammenzufügen, und ab diesem Zeitpunkt weiter mit den Händen kneten.

Alle 3 Teigsorten mögen es überhaupt nicht, wenn sie nach der Zugabe von Mehl noch lange gerührt werden. Sobald sich der Teig zusammengefügt hat, ist Schluss mit Rühren bzw. Kneten.

Während beim Mürbeteig die Zutaten möglichst kalt sein sollten, danken es Rührteig und Biskuit, wenn die Zutaten vor der Verarbeitung Raumtemperatur angenommen haben. Frischer Mürbeteig hält sich etwa 1 Woche im Kühlschrank und 3 Monate im Gefrierschrank.

KRÄUTER WASCHEN
Kräuter und Früchte müssen vor der Weiterverarbeitung gründlich gewaschen werden.

BASILIKUM

Basilikum gehört bei uns zu den meistverwendeten Küchenkräutern. Dabei war das Kraut vor rund 40 Jahren nördlich der Alpen noch relativ unbekannt und ist erst mit dem Einzug der Mittelmeerküche populär geworden. Es wird vermutet, dass Basilikum ursprünglich aus Indien stammt. Im Mittelalter galt Basilikum ausschließlich als reines Heilkraut. Es wurde als Mittel gegen Unfruchtbarkeit und Depressionen eingesetzt.

Die Blätter schmecken frisch, würzig, leicht pfeffrig und haben einen herrlich aromatischen Duft. Bedingt durch seine ätherischen Öle gilt Basilikum als appetit- und verdauungsanregend.

Geschnittener Basilikum welkt innerhalb von Stunden. Auch die Topfpflanze aus dem Supermarkt hält sich kaum länger als 3–4 Tage und ist anfällig für Schädlinge. Allerdings lässt sich Basilikum gut einfrieren: die Basilikumblätter zusammen mit etwas Olivenöl in einen Gefriercontainer geben und ins Gefrierfach stellen.

Man sollte Basilikum nie mitkochen oder backen. Das Küchenkraut verliert einen Großteil seines wundervollen Aromas, wenn es erhitzt oder auch getrocknet wird. Die Blätter niemals schneiden, sondern nur locker zupfen. Für die Zubereitung eines Pestos wird Basilikum gemörsert oder behutsam im Blitzhacker nicht zu fein zerkleinert.

In der süßen Küche harmoniert Basilikum mit Milchprodukten, Kokosmilch, Zitrusfrüchten und Erdbeeren, Mangos und Aprikosen, aber auch mit Schokolade.

ERDBEERTARTE MIT BASILIKUM-GANACHE

1 Tarteform oder 1 Springform, 24–26 cm Durchmesser

Getrocknete Hülsenfrüchte zum Blindbacken

Zubereitungszeit: 35 Minuten
Backzeit: 30 Minuten
Kühlzeit Boden: 1 Stunde
Kühlzeit Ganache: 1–2 Stunden

Teig

250 g Mehl

1 Prise Salz

100 g Puderzucker, gesiebt

175 g kalte Butter

1 Eigelb (Größe L)

Basilikum-Ganache

450 g weiße Schokolade

200 g Sahne

abgeriebene Schale und Saft von 1 Bio-Limette

15 g frische Basilikumblätter, fein gehackt (ca. 1 ½ EL)

300–500 g Erdbeeren

❶ Alle Zutaten für den Mürbeteig in eine Schüssel geben und zügig zu einem glatten Teig verarbeiten. Das geht am besten per Hand. Den Teig mindestens 1 Stunde im Kühlschrank ruhen lassen.

❷ Backofen auf 180 °C vorheizen. Die Backform einfetten und gegebenenfalls den Boden mit einem auf die Form zugeschnittenen Stück Backpapier auslegen.

❸ Den Teig ausrollen und den Boden und die Ränder der Form damit auslegen. Den Teigboden mehrmals mit einer Gabel einstechen. Ein Stück Backpapier auf den Teig legen und die Form mit den Hülsenfrüchten füllen.

❹ Den Boden auf der mittleren Schiene für ca. 20 Minuten blindbacken. Backpapier und Hülsenfrüchte entfernen und den Boden für weitere 10–15 Minuten goldbraun backen. Vollständig auskühlen lassen.

❺ Für die Basilikum-Ganache die Schokolade grob hacken. Schokolade und Sahne über einem Wasserbad bei niedriger bis mittlerer Temperatur schmelzen lassen. Vom Herd nehmen und Limettenabrieb, Limettensaft und Basilikumblätter unterrühren.

❻ Die Ganache auf den erkalteten Boden streichen und setzen lassen. Die Erdbeeren waschen, putzen und je nach Größe eventuell klein schneiden. Die Tarte kurz vor dem Servieren mit den Erdbeeren belegen.

BASILIKUM

VANILLECREMETARTE MIT ERDBEEREN UND SÜßEM PESTO

1 Tarteform oder 1 Springform, 24–26 cm Durchmesser

Getrocknete Hülsenfrüchte zum Blindbacken

Zubereitungszeit: 50 Minuten
Backzeit: 30 Minuten
Kühlzeit Boden: 1 Stunde
Kühlzeit Vanillecreme: 2 Stunden

Sablé-Boden

250 g Mehl

1 Prise Salz

100 g Puderzucker, gesiebt

175 g kalte Butter

1 Eigelb (Größe L)

Vanillecreme

500 ml Vollmilch

1 Vanilleschote

4 Blatt Gelatine

6 Eigelb (Größe L)

100 g Zucker

250 g Sahne

300–500 g Erdbeeren

Süßes Pesto

Saft von 1 großen Zitrone

Saft von 1 Limette

150 g Zucker

150 ml Wasser

30 g frische Basilikumblätter (ca. 2 Handvoll)

10 g frische Zitronenmelisseblätter (ca. 2 EL)

5 g Minzeblätter (ca. 1 EL)

50 g Pistazienkerne

❶ Alle Zutaten für den Sablé-Boden in eine Schüssel geben und zügig zu einem glatten Teig verarbeiten, am besten per Hand. Teig mind. 1 Stunde im Kühlschrank ruhen lassen.

❷ Für die Vanillecreme Milch in einem Topf kurz aufkochen lassen. Die Vanilleschote aufschlitzen und das Mark herauskratzen. Schote und Vanillemark zu der Milch geben und 1 Stunde ziehen lassen. Gelatine in kaltem Wasser einweichen. Eigelbe in einer hitzebeständigen Schüssel mit dem Zucker verrühren. Die Vanilleschote aus der Milch nehmen, die Milch nochmals aufkochen und unter Rühren in die Eigelbmischung fließen lassen. Die Eigelbmilch zurück in den Topf geben. Bei niedriger bis mittlerer Hitze rühren, bis die Flüssigkeit leicht andickt. Nicht mehr kochen lassen! Vom Herd nehmen und die Gelatine darin auflösen. Erkalten lassen. Sahne steif schlagen und unterheben. Kalt stellen. Die Erdbeeren waschen, putzen und je nach Größe eventuell klein schneiden.

❸ Backofen auf 180 °C vorheizen. Backform einfetten. Teig ausrollen, den Boden und die Ränder der Form damit auslegen. Den Teigboden mehrmals mit einer Gabel einstechen. Ein Stück Backpapier auf den Teig legen und die Form mit den Hülsenfrüchten füllen. Auf mittlerer Schiene für ca. 20 Minuten blindbacken. Dann Backpapier und Hülsenfrüchte entfernen und den Boden für weitere 10–15 Minuten goldbraun backen. Vollständig auskühlen lassen.

❹ Zitronensaft, Limettensaft, Zucker und Wasser in einen Topf geben, aufkochen und danach den Sirup für 5 Minuten leise köcheln lassen. Vom Herd nehmen und erkalten lassen. Die Kräuter, Pistazien und etwas von dem Sirup mörsern oder im Blitzhacker behutsam nicht zu fein hacken. Mit dem restlichen Sirup verrühren. Die Vanillecreme auf dem Boden verstreichen und mit den Erdbeeren belegen. Mit dem Pesto beträufeln.

BASILIKUM

WARME KÜCHLEIN MIT PFIRSICH-BASILIKUM-SALAT

4 kleine Törtchenformen oder hohe Dessertringe, 1 Backblech mit Backpapier ausgelegt

Zubereitungszeit: 30 Minuten
Backzeit: 12 Minuten

Teig

1 EL gemahlene Mandeln

40 g Mehl, gesiebt

1 Prise Salz

130 g weiße Schokolade

60 g Butter

2 EL Sahne

3 Eier (Größe L)

75 g Zucker

Pfirsich-Basilikum-Salat

6 Pfirsiche

Saft von 1 Zitrone

30 g Zucker
(oder nach Geschmack)

20 g Basilikumblätter, gezupft

❶ Backofen auf 180 °C vorheizen.

❷ Die Förmchen einfetten, mit Backpapierstreifen auskleiden und auf ein mit Backpapier ausgelegtes Backblech stellen. Mandeln, Mehl und Salz in einer Schüssel vermischen.

❸ Schokolade hacken. Butter, Schokolade und Sahne in einer hitzebeständigen Schüssel über einem mäßig warmen Wasserbad erwärmen, bis Schokolade und Butter geschmolzen sind.

❹ Eier mit Zucker zu einer dicklichen, hellen Masse rühren. Unter Rühren die Mehlmischung hinzufügen. Dann die Schokolade untermischen.

❺ Die Förmchen zu ⅔ mit dem Teig befüllen und auf der mittleren Schiene ca. 8–12 Minuten goldbraun backen.

❻ Die Pfirsiche halbieren, häuten und entsteinen. Pfirsiche in kleine Würfel schneiden. Zitronensaft mit Zucker verrühren. Die Pfirsiche zugeben und behutsam in der Mischung schwenken. Gegebenenfalls mit Zucker abschmecken. Die Basilikumblätter unterheben.

❼ Die fertigen Küchlein sofort nach dem Backen aus den Förmchen lösen und mit dem Pfirsich-Basilikum-Salat servieren.

Man kann auch Muffinförmchen aus Silikon verwenden – allerdings ist es recht schwierig, die fertigen Küchlein heil aus den Förmchen herauszubekommen.

DUFTGERANIEN

Duftgeranien oder auch Duftpelargonien stammen ursprünglich aus Südafrika. Ihr Duft kommt am besten zur Geltung, wenn man die Blätter aneinander reibt. Sie eignen sich als Balkon- oder Gartenpflanzen, wobei sie zum Überwintern ins Haus geholt werden müssen, da sie keinen Frost vertragen. Populär sind die nach Rosen duftenden und die nach Zitronen duftenden Sorten. Die Zitronen-Sorten werden auch zur Mückenabwehr eingesetzt.

Bei uns sind die Pflanzen als Küchenkraut weitgehend unbekannt. Dabei eignen sich die klein geschnittenen Blätter der Zitronen-Sorten als Zutat in Obstsalaten und Sorbets.

In der süßen Küche kann man darüber hinaus auch die nach Rosen duftenden Sorten für Cremes, Marmeladen und Kuchen verwenden.

DUFTGERANIEN

DUFTGERANIENKUCHEN MIT FRISCHKÄSE

1 Springform,
24–26 cm Durchmesser

Zubereitungszeit: 30 Minuten
Backzeit: 1 Stunde

Teig

ca. 14 Duftgeranienblätter

300 g Mehl

1 gehäufter TL Backpulver

1 Prise Salz

100 g gehackte Mandeln

6 zimmerwarme Eier (Größe L)

150 g Butter

150 ml Milch

270 g Zucker

2 EL Rosenwasser

Topping

250 g Puderzucker

150 g Frischkäse

50 g weiche Butter

❶ Backofen auf 180 °C vorheizen.

❷ Die Backform einfetten. Den Boden mit der Hälfte der Duftgeranienblätter auslegen.

❸ Mehl, Backpulver und Salz in eine Schüssel sieben. Die gehackten Mandeln unterrühren. Eier trennen und Eiweiß zu steifem Eischnee schlagen.

❹ Butter und Milch in einen Topf geben und aufkochen. Eigelbe und Zucker zu einer hellen, cremigen Masse rühren. Die heiße Milch einrühren und das Rosenwasser zugeben. Abwechselnd und portionsweise die Mehlmischung und den Eischnee unterheben.

❺ Die Hälfte des Teiges in die Backform streichen. Mit den restlichen Duftgeranien-Blättern belegen. Den restlichen Teig darüberstreichen.

❻ Auf der mittleren Schiene für ca. 1 Stunde goldbraun backen.

❼ Für das Topping Puderzucker mit Frischkäse und Butter glatt rühren und auf den erkalteten Kuchen streichen.

DUFTGERANIEN

BROMBEER-MANGO-TARTE MIT DUFTGERANIENCREME

1 Tarteform oder 1 Springform, 24–26 cm Durchmesser

Getrocknete Hülsenfrüchte zum Blindbacken

Zubereitungszeit: 30 Minuten
Backzeit Boden: 20 Minuten
Backzeit mit Füllung: 25–30 Minuten
Kühlzeit: 1 Stunde

Mürbeteig

125 g Butter

100 g Puderzucker

1 Ei (Größe L)

250 g Mehl

1 Prise Salz

Füllung

500 ml Vollmilch

4 große Duftgeranienblätter

6 Eigelb (Größe L)

1 Päckchen Vanillezucker oder etwas gemahlene Vanille

100 g Zucker

40 g Stärkemehl

30 g Butter

300 g Brombeeren

1 reife Mango

❶ Alle Zutaten für den Mürbeteig in eine Schüssel geben und zügig per Hand zu einem glatten Teig verkneten. Den Teig mindestens 1 Stunde im Kühlschrank ruhen lassen.

❷ Für die Füllung Milch und Duftgeranienblätter in einen Topf geben. Kurz aufkochen lassen. Vom Herd nehmen und 30 Minuten ziehen lassen. In einer hitzebeständigen Schüssel Eigelbe mit Vanillezucker, Zucker und Stärkemehl verrühren. Die Geranienblätter aus der Milch fischen und die Milch nochmals zum Kochen bringen. Die heiße Milch in einem dünnen Strahl und unter Rühren in die Eigelbmischung fließen lassen. Die Eigelbmilch zurück in den Topf füllen und bei niedriger Hitze rühren, bis die Flüssigkeit eindickt. Dann vom Herd nehmen und die Butter unterrühren. Die Creme in eine kleine Schüssel oder auf einen flachen Teller füllen und Frischhaltefolie direkt auf die Oberfläche legen. Abkühlen lassen.

❸ Backofen auf 180 °C vorheizen.

❹ Die Backform einfetten und gegebenenfalls den Boden mit einem auf die Form zugeschnittenen Stück Backpapier auslegen.

❺ Den Teig ausrollen und den Boden und die Ränder der Form damit auslegen. Den Teigboden mehrmals mit einer Gabel einstechen. Ein Stück Backpapier auf den Teig legen und die Form mit den Hülsenfrüchten füllen. Den Boden auf mittlerer Schiene für ca. 20 Minuten blindbacken. Anschließend Backpapier und Hülsenfrüchte entfernen.

❻ Brombeeren waschen und verlesen. Mango schälen, Stein entfernen und Fruchtfleisch in Streifen schneiden.

❼ Die Geraniencreme auf den Boden streichen. Mit den Brombeeren und Mangostreifen belegen und für weitere 25–30 Minuten backen. Die fertige Tarte in der Form auskühlen lassen.

ESTRAGON

Estragon stammt ursprünglich aus Klein- und Mittelasien. Durch die Kreuzritter fand er seinen Weg nach Europa und ist seitdem ein sehr beliebtes Küchenkraut in der französischen Küche.

Als Heilpflanze wird Estragon bei Verdauungsbeschwerden und Erkältungskrankheiten eingesetzt.

Der französische bzw. der deutsche Estragon ist würzig, etwas pfefferig mit einer leicht süßlichen Komponente und duftet zudem ganz leicht nach Anis. Der russische Estragon ist weniger aromatisch.

Am intensivsten schmeckt Estragon, wenn man ihn kurz vor der Blüte erntet. Wie viele Küchenkräuter, verliert er im getrockneten Zustand einen Großteil seines Geschmacks.

Es werden nur die langen, schmalen Blätter verwendet. Estragon hat ein recht dominantes Aroma und sollte sparsam dosiert werden. Seine Würze kommt erst richtig zur Geltung, wenn er mitgekocht wird.

In der süßen Küche passt Estragon gut zu Zitrusfrüchten und Beeren. Mit den Blättern lässt sich zudem ein sehr würziger Sirup herstellen.

ESTRAGON-ZITRONEN-KEKSE

Für ca. 30–35 Stück
1–2 Backbleche mit Backpapier ausgelegt
Zubereitungszeit: 15 Minuten
Backzeit: 10–15 Minuten
Kühlzeit: 2–12 Stunden

125 g Mehl

1 Prise Salz

40 g gemahlene Mandeln

60 g zimmerwarme Butter

60 g Zucker

2 EL gutes Olivenöl

8 g frische Estragonblätter, fein gehackt (ca. 2 TL)

abgeriebene Schale von ½ Zitrone

1 zimmerwarmes Eigelb (Größe L)

❶ Mehl und Salz in eine Schüssel sieben und mit den gemahlenen Mandeln vermischen. Butter und Zucker schaumig schlagen. (Das kann ein paar Minuten dauern.) Olivenöl, Estragon, Zitronenabrieb und Eigelb unterrühren. Die Mehlmischung hinzufügen und zu einem glatten Teig kneten. Den Teig zu einer Rolle formen und mindestens 2 oder bis zu 12 Stunden im Kühlschrank ruhen lassen.

❷ Backofen auf 180 °C vorheizen. 1–2 Backbleche mit Backpapier auslegen.

❸ Die Teigrolle in möglichst dünne Scheiben schneiden. Die Scheiben in etwa 6 cm großen Abständen auf die Backbleche setzen.

❹ Die Kekse auf der mittleren Schiene für ca. 10–15 Minuten backen. Sie sind fertig, wenn die Ränder sich goldbraun färben. Das fertige Gebäck 5 Minuten auf dem Backblech ruhen lassen, dann zum Auskühlen auf ein Kuchengitter legen.

Wer mag, kann außerdem noch 25 g fein gehackte Pistazien unter den Teig kneten. Dies sorgt für noch mehr grüne Farbe und einen zusätzlichen „Crunch".

ESTRAGON

LIMETTENMUFFINS MIT ESTRAGON

12 Muffinformen mit Papierförmchen ausgelegt

Zubereitungszeit: 15 Minuten
Backzeit: 20–25 Minuten

300 g Mehl

2 TL Backpulver

1 Prise Salz

125 g weiche Butter

2 TL Bio-Limettenabrieb

150 g Zucker

1 Päckchen Vanillezucker oder etwas gemahlene Vanille

250 ml Milch

2 Eier (Größe L)

6 g Estragonblätter, fein gehackt (ca. 1 gehäufter TL)

❶ Backofen auf 180 °C vorheizen. Die Muffinformen mit Papierförmchen auslegen.

❷ Alle Zutaten bis auf die Estragonblätter in eine Schüssel geben und mit dem Handrührgerät langsam rühren, bis sie gerade eben verbunden sind. Die Rührgeschwindigkeit erhöhen und rühren, bis der Teig beginnt heller zu werden. Zuletzt den Estragon unterheben.

❸ Den Teig in die Förmchen füllen und auf der mittleren Schiene für ca. 20–25 Minuten goldbraun backen.

HOLUNDERBLÜTEN

Holunder ist eine einheimische Pflanze. Im späten Frühjahr sind die Blüten in Wäldern, Parks und Gärten zu finden. Man sollte die Holunderblütendolden um die Mittagszeit ernten. Dann besitzen sie am meisten Aroma. Die Blüten gelten in der Naturmedizin als Hilfe gegen Rheuma, Erkältungen und sogar Schlafstörungen.

Holunderblütendolden kann man frittieren oder man stellt Sirup und Marmelade aus ihnen her.

Das Holunderblütenaroma passt gut zu Erdbeeren, Stachelbeeren, Rhabarber und Cremes.

HOLUNDERBLÜTEN

STACHELBEERKUCHEN MIT HOLUNDERBLÜTENSIRUP

1 Springform,
22–24 cm Durchmesser

Zubereitungszeit: 25 Minuten
Backzeit: 50–60 Minuten

Teig

200 g Stachelbeeren

225 g Mehl

1 Prise Salz

1 TL Backpulver

115 g weiche Butter

250 g Zucker

2 Eier (Größe L)

150 ml Holunderblütensirup

Topping

300 g Frischkäse

ca. 50 ml Holunderblütensirup

ein paar Stachelbeeren zum Dekorieren

❶ Backofen auf 170 °C vorheizen. Die Springform einfetten und mit Mehl bestäuben. Überschüssiges Mehl ausklopfen. Die Stachelbeeren waschen und putzen.

❷ Mehl, Salz und Backpulver in eine Schüssel sieben.

❸ In einer Rührschüssel Butter und Zucker zu einer hellen, schaumigen Masse rühren. Nacheinander die Eier hinzugeben und jedes Ei gut einarbeiten. Die Mehlmischung abwechselnd mit dem Holunderblütensirup unterziehen. Den Teig in die vorbereitete Form füllen und mit den Stachelbeeren belegen. (Die Beeren werden während des Backvorgangs in dem Teig versinken.)

❹ Den Kuchen auf der mittleren Schiene für ca. 50–60 Minuten backen. Den fertigen Kuchen in der Form 15 Minuten ruhen lassen, dann aus der Form lösen und zum Abkühlen auf ein Kuchengitter setzen.

❺ Kurz vor dem Servieren Frischkäse mit dem Holunderblütensirup verrühren. Das Topping sollte nicht zu flüssig werden, deshalb den Sirup nur nach und nach hinzufügen. Das Topping auf den Kuchen streichen und mit Stachelbeeren dekorieren.

HOLUNDERBLÜTEN

ERDBEERTARTE MIT HOLUNDERBLÜTEN-JOGHURT-MOUSSE

1 Tarteform oder 1 Springform, 24–26 cm Durchmesser

Getrocknete Hülsenfrüchte zum Blindbacken

Zubereitungszeit: 40 Minuten
Backzeit: 30 Minuten
Kühlzeit Boden: 1 Stunden
Kühlzeit Füllung: 2–3 Stunden

Mürbeteig

250 g Mehl

1 Prise Salz

100 g Puderzucker

1 Eigelb (Größe L)

175 g Butter

30 g weiße Kuvertüre

Füllung

6 Blatt Gelatine

300 ml Holunderblütensirup

600 g Joghurt (Fettstufe nach Geschmack)

150 g Sahne

500 g Erdbeeren

Puderzucker (optional)

❶ Alle Zutaten für den Mürbeteig in eine Schüssel geben und zügig zu einem glatten Teig verarbeiten. Das geht am besten per Hand. Den Teig mindestens 1 Stunde im Kühlschrank ruhen lassen.

❷ Backofen auf 180 °C vorheizen.

❸ Die Backform einfetten und gegebenenfalls den Boden mit einem auf die Form zugeschnittenen Stück Backpapier auslegen.

❹ Den Teig ausrollen und den Boden und die Ränder der Form damit auslegen. Den Teigboden mehrmals mit einer Gabel einstechen. Ein Stück Backpapier auf den Teig legen und die Form mit den Hülsenfrüchten füllen. Auf mittlerer Schiene für ca. 20 Minuten blindbacken. Backpapier und Hülsenfrüchte entfernen und den Boden für weitere 10 Minuten goldbraun backen. Vollständig auskühlen lassen.

❺ Kuvertüre über einem mäßig warmen Wasserbad schmelzen und den Tarteboden damit bestreichen.

❻ Die Gelatine in kaltem Wasser einweichen. Holunderblütensirup in einem Topf erwärmen und die Gelatine darin auflösen. Joghurt glatt rühren und 2–3 Esslöffel zu dem Holunderblütensirup geben, um die Temperatur anzugleichen. Den Sirup mit dem restlichen Joghurt verrühren. Die Sahne steif schlagen und unterheben. Die Joghurtcreme auf den Tarteboden häufen. Für 2–3 Stunden kalt stellen.

❼ Die Erdbeeren waschen, putzen und eventuell klein schneiden. Kurz vor dem Servieren die Tarte mit den Erdbeeren belegen und nach Geschmack mit Puderzucker bestäuben.

LAVENDEL

Lavendel wurde schon in Schriften des alten Ägyptens erwähnt. Die Küstenregionen des Mittelmeeres gelten als die ursprüngliche Heimat der Pflanze.

Lavendel hat einen sehr blumigen, würzigen und frischen Duft. Er wirkt beruhigend und schlaffördernd, gilt aber auch als belebend für die Psyche. Nebenbei wirkt sein Duft als Schutz gegen Insekten, insbesondere Motten. Das aus den Pflanzen gewonnene Öl ist vielseitig anwendbar. Lavendelöl wird für die Herstellung von Hautpflegeprodukten und Parfums verwendet. Es besitzt sogar eine antiseptische Wirkung und hilft bei Wunden und Verbrennungen.

Die Lavendelblüten der essbaren Sorten eignen sich hervorragend als Gewürz. Der Geschmack ist eher herb mit einer leicht bitteren Note und recht dominant. Deshalb sollte man Lavendel nur sparsam dosieren.

Im Geschmack und in den Anwendungsmöglichkeiten lässt sich Lavendel mit Rosmarin vergleichen. Garten- und Balkonbesitzer können ihre essbaren Pflanzen selbst anbauen. Als Alternative bietet sich der Kauf von getrockneten Lavendelblüten in Bio-Qualität an. In der süßen Küche ist das Gewürz fast überall einsetzbar – solange man vorsichtig bei der Dosierung ist.

LAVENDEL

EARL-GREY-KÜCHLEIN MIT LAVENDEL

12–18 kleine Kuchen- oder Muffinförmchen
Zubereitungszeit: 30 Minuten
Backzeit: 20–30 Minuten

Teig
215 g Mehl
4 TL Earl-Grey-Teeblätter, fein gemahlen
1 TL getrocknete Lavendelblüten, fein gemahlen
½ TL Backpulver
1 Prise Salz
215 g weiche Butter
200 g Zucker
1 Päckchen Vanillezucker oder etwas gemahlene Vanille
1 EL Honig
3 Eier (Größe L)
65 g saure Sahne

Limetten-Ganache
300 g weiße Schokolade
125 g Sahne
50 ml Limettensaft
abgeriebene Schale von 3 Bio-Limetten

❶ Backofen auf 180 °C vorheizen. Die Backförmchen einfetten und mit Mehl bestäuben. Überschüssiges Mehl ausklopfen.

❷ Mehl in eine Schüssel sieben und mit dem Earl-Grey-Tee, den Lavendelblüten, Backpulver und Salz vermischen.

❸ Butter, Zucker, Vanillezucker und Honig zu einer hellen, schaumigen Masse schlagen. Das kann ein paar Minuten dauern. Nacheinander die Eier unterrühren. Jedes Ei gut einarbeiten. Die saure Sahne unterrühren. Die Mehlmischung in 3 Schritten hinzugeben und jeweils 1 Minute rühren.

❹ Den Teig in die vorbereiteten Förmchen füllen und auf der mittleren Schiene für 20–30 Minuten goldbraun backen. In den Förmchen auskühlen lassen.

❺ Für die Ganache Schokolade in eine hitzebeständige Schüssel geben. Sahne in einem Topf aufkochen lassen und über die Schokolade gießen. Kurz einwirken lassen und dann die Schokolade unter Rühren schmelzen. Limettensaft und Limettenabrieb unterrühren. Die Küchlein mit der Limetten-Ganache überziehen.

LAVENDEL

PFIRSICHTARTE MIT LAVENDEL UND PINIENKERNEN

1 Tarteform oder 1 Springform, 24–26 cm Durchmesser

Getrocknete Hülsenfrüchte zum Blindbacken

Zubereitungszeit: 35 Minuten
Backzeit Boden: 20 Minuten
Backzeit mit Füllung: 40 Minuten
Kühlzeit: 1 Stunde

Mürbeteig

125 g Butter

100 g Puderzucker

1 Ei (Größe L)

250 g Mehl

1 Prise Salz

Füllung

3–5 Pfirsiche oder 1 große Dose Pfirsiche

120 g Zucker

2 EL getrocknete Lavendelblüten

120 g weiche Butter

2 zimmerwarme Eier (Größe L)

25 g Stärkemehl

120 g Grieß

100 g Pinienkerne

❶ Alle Zutaten für den Mürbeteig in eine Schüssel geben und zügig zu einem glatten Teig verarbeiten. Das geht am besten per Hand. Den Teig mindestens 1 Stunde im Kühlschrank ruhen lassen.

❷ Backofen auf 180 °C vorheizen.

❸ Die Backform einfetten und gegebenenfalls den Boden mit einem auf die Form zugeschnittenen Stück Backpapier auslegen.

❹ Den Teig ausrollen und den Boden und die Ränder der Form damit auslegen. Den Teigboden mehrmals mit einer Gabel einstechen. Ein Stück Backpapier auf den Teig legen und die Form mit den Hülsenfrüchten füllen. Auf mittlerer Schiene für 20 Minuten blindbacken. Backpapier und Hülsenfrüchte entfernen.

❺ Die Pfirsiche häuten, halbieren und jeweils den Stein entfernen.

❻ Für die Füllung 50 g Zucker mit den Lavendelblüten fein mahlen. Zusammen mit dem restlichen Zucker und der Butter zu einer schaumigen Masse schlagen. Nacheinander die Eier hinzufügen. Jedes Ei gut einarbeiten. Stärkemehl und Grieß unterrühren.

❼ Die Füllung auf den vorgebackenen Boden streichen und mit den Pinienkernen bestreuen. Die Pfirsiche darauf setzen. Die Tarte auf der mittleren Schiene für 30–40 Minuten goldbraun backen.

LAVENDEL

SCHOKOLADENKUCHEN MIT LAVENDEL

1 Springform,
24–26 cm Durchmesser

Zubereitungszeit: 25 Minuten
Backzeit: 40–50 Minuten

Teig

250 g dunkle Schokolade (70 % Kakaoanteil)

300 g Zucker

2 gehäufte EL getrocknete Lavendelblüten

1 Päckchen Vanillezucker oder etwas gemahlene Vanille

250 g weiche Butter

6 Eier (Größe L)

150 g Kakaopulver

Topping (optional)

Puderzucker oder Schlagsahne

1 EL frische oder getrocknete Lavendelblüten

❶ Die Schokolade hacken und über einem heißen Wasserbad schmelzen. Abkühlen lassen.

❷ Backofen auf 180 °C vorheizen. Die Backform einfetten und gegebenenfalls den Boden mit einem Stück Backpapier auslegen.

❸ 50 g Zucker zusammen mit den Lavendelblüten fein mahlen. Mit dem restlichen Zucker und Vanillezucker mischen.

❹ Butter und Zucker-Lavendel-Mischung zu einer schaumigen, hellen Masse rühren. Das kann ein paar Minuten dauern. Nacheinander die Eier zugeben. Dabei jedes Ei gut einarbeiten. Dann die geschmolzene Schokolade unterziehen. Kakaopulver darübersieben und unterheben.

❺ Den Teig in die vorbereitete Backform füllen und auf der mittleren Schiene für ca. 40–50 Minuten backen.

❻ Den fertigen Kuchen 15 Minuten ruhen lassen. Dann aus der Form lösen und zum Auskühlen auf ein Kuchengitter setzen.

❼ Kurz vor dem Servieren den Kuchen mit Puderzucker bestäuben oder mit Schlagsahne bestreichen und mit den Lavendelblüten bestreuen.

MINZE

Minze stammt aus dem Mittelmeerraum und ist ein absolutes Allroundtalent. Schon die alten Römer schätzten sie und wendeten sie als Aphrodisiakum an.

In der Naturmedizin wird sie als Heilmittel für Magen und Darm eingesetzt, da das in der Minze enthaltene Menthol eine krampflösende und schmerzlindernde Wirkung hat. Äußerlich angewendet hilft es bei Muskelschmerzen. Minze wirkt darüber hinaus kühlend.

In vielen internationalen Küchen ist ihr frisches Aroma überaus beliebt. Es gibt unzählige Sorten, deren Geschmack von mild bis hin zu kräftig und fast scharf (bei der Pfefferminze) variiert.

Welche Minze man auch verwendet – das dominante Aroma sollte mit Bedacht dosiert werden. Geschnittene, frische Minze hält sich nicht sehr lange und muss zügig verbraucht werden. Wer gerne mit Minze würzt, sollte sie im Garten oder auf dem Balkon anpflanzen.

In der süßen Küche sind die Anwendungsmöglichkeiten fast unbegrenzt. Besonders gut passt Minze zu Zitronen, Limetten, Joghurt und Schokolade.

MINZE

GRAPEFRUITTARTE MIT MINZE

1 Tarteform oder 1 Springform, 24–26 cm Durchmesser

Getrocknete Hülsenfrüchte zum Blindbacken

Zubereitungszeit: 30 Minuten
Backzeit Boden: 20 Minuten
Backzeit mit Füllung: 25 Minuten
Kühlzeit: 1 Stunde

Mürbeteig

125 g Butter

100 g Puderzucker

1 Ei (Größe L)

250 g Mehl

1 Prise Salz

Füllung

1 EL abgeriebene Schale von 1 unbehandelten Pink Grapefruit

125 ml Pink-Grapefruit-Saft (ca. 2 Grapefruits)

400 g gesüßte Kondensmilch

4 Eigelb (Größe L)

1 Prise Salz

15 g frische Minzeblätter, fein gehackt (ca. 2 EL)

❶ Alle Zutaten für den Mürbeteig in eine Schüssel geben und zügig zu einem glatten Teig verarbeiten. Das geht am besten per Hand. Den Teig mindestens 1 Stunde im Kühlschrank ruhen lassen.

❷ Backofen auf 180 °C vorheizen.

❸ Die Backform einfetten und gegebenenfalls den Boden mit einem auf die Form zugeschnittenen Stück Backpapier auslegen.

❹ Den Teig ausrollen und den Boden und die Ränder der Form damit auslegen. Den Teigboden mehrmals mit einer Gabel einstechen. Ein Stück Backpapier auf den Teig legen und die Form mit den Hülsenfrüchten füllen. Auf mittlerer Schiene für 20 Minuten blindbacken. Backpapier und Hülsenfrüchte entfernen.

❺ Für die Füllung Zitrusabrieb, Grapefruitsaft, Kondensmilch, Eigelbe und Salz glatt rühren. Dann die Minze zugeben und untermischen. Die Mischung auf den Tarteboden streichen und die Tarte für weitere 20–25 Minuten backen.

❻ Die fertige Tarte in der Form auskühlen lassen.

Statt Grapefruit kann man auch Zitronen oder Limetten verwenden (ca. 3 Zitronen oder 4 Limetten).

MINZE

PAPAYAKÜCHLEIN MIT MINZE

12 Muffinförmchen
Zubereitungszeit: 30 Minuten
Backzeit: 20–30 Minuten

Teig
175 g Mehl
1 Prise Salz
1 TL Backpulver
140 g weiche Butter
200 g Zucker
4 Eier (Größe L)
abgeriebene Schale von 2 Bio-Orangen
140 g saure Sahne

Sirup
250 ml frisch gepresster Orangensaft
150 g Zucker
15 g frische Minzeblätter (ca. 1 Handvoll)
2 Papayas

❶ Backofen auf 160 °C vorheizen. Die Muffinförmchen einfetten und mit Mehl bestäuben. Überschüssiges Mehl ausklopfen. Mehl, Salz und Backpulver in eine Schüssel sieben.

❷ In einer Rührschüssel Butter und Zucker zu einer hellen, schaumigen Masse rühren. Das kann ein paar Minuten dauern. Nacheinander die Eier hinzufügen. Jedes Ei gut einarbeiten. Abgeriebene Orangenschale und saure Sahne unterrühren. Die Mehlmischung hinzufügen und zu einem glatten Teig rühren.

❸ Den Teig in die vorbereiteten Muffinförmchen füllen und auf der mittleren Schiene für 20–30 Minuten goldbraun backen.

❹ Für den Sirup Orangensaft, Zucker und Minzeblätter in einen Topf geben und zum Kochen bringen. 20 Minuten ziehen lassen. Durch ein Sieb gießen, aufkochen und für 2 Minuten köcheln lassen. Papayas schälen, entkernen und würfeln. Den Sirup vom Herd nehmen und die Papayawürfel darin ziehen lassen.

❺ Vor dem Servieren die Küchlein mit dem Sirup und den Papayawürfeln übergießen.

MINZE

SHORTBREAD MIT FRISCHER MINZE

Für ca. 30–40 Stück
2 Backbleche mit Backpapier ausgelegt

Zubereitungszeit: 25 Minuten
Backzeit: 15–20 Minuten
Kühlzeit: 1–12 Stunden

235 g Mehl

1 gehäufter TL Backpulver

1 Prise Salz

160 g weiche Butter

160 g Zucker

1 Päckchen Vanillezucker oder etwas gemahlene Vanille

abgeriebene Schale von 1 Bio-Limette

2 Eigelb (Größe L)

1 EL frische Minzeblätter, fein gehackt

❶ Mehl, Backpulver und Salz in eine Schüssel sieben.

❷ Butter, Zucker und Vanillezucker schaumig rühren. Die Eigelbe nacheinander unterrühren Limettenabrieb, Mehlmischung und Minze hinzufügen und zügig zu einem glatten Teig verarbeiten.

❸ Den Teig zu einer Rolle formen, in Frischhaltefolie einschlagen und mindestens 1 bis zu 12 Stunden im Kühlschrank ruhen lassen.

❹ Backofen auf 180 °C vorheizen. Mit einem scharfen Messer dünne Scheiben von der Teigrolle schneiden und in 6 cm großen Abständen auf die mit Backpapier ausgelegten Backbleche setzen.

❺ Das Shortbread auf der mittleren Schiene für 15–20 Minuten backen. Die Kekse sind fertig, wenn die Ränder leicht goldbraun sind. Das Shortbread 5 Minuten ruhen lassen, bevor es zum Auskühlen auf ein Kuchengitter gesetzt wird.

MINZE

SCHOKOLADENTARTE MIT MINZE UND ERDBEEREN

1 Tarteform oder 1 Springform, 24–26 cm Durchmesser

Getrocknete Hülsenfrüchte zum Blindbacken

Zubereitungszeit: 45 Minuten
Backzeit: 30 Minuten
Kühlzeit Boden: 1 Stunde
Kühlzeit Schokolade: 1–2 Stunden

Mürbeteig

120 g Butter

1 Prise Salz

90 g Puderzucker

30 g gemahlene Mandeln

1 Ei (Größe L)

240 g Mehl

50 g Kakaopulver

Füllung

100 ml Milch

150 g Sahne

12 g frische Minzeblätter (ca. 1 Handvoll)

100 g dunkle Schokolade (70 % Kakaoanteil)

100 g Vollmilchschokolade

250 g Erdbeeren

ein paar Minzeblättchen zum Dekorieren

❶ Alle Zutaten für den Mürbeteig in eine Schüssel geben und zügig zu einem glatten Teig verarbeiten. Das geht am besten per Hand. Den Teig mindestens 1 Stunde im Kühlschrank ruhen lassen.

❷ Backofen auf 180 °C vorheizen.

❸ Die Backform einfetten und ggf. den Boden mit einem zugeschnittenen Stück Backpapier auslegen.

❹ Den Teig ausrollen und den Boden und die Ränder der Form damit auslegen. Den Teigboden mehrmals mit einer Gabel einstechen. Ein Stück Backpapier auf den Teig legen und die Form mit den Hülsenfrüchten füllen.

❺ Den Boden auf mittlerer Schiene für 20 Minuten blindbacken. Backpapier und Hülsenfrüchte entfernen und den Boden für weitere 10 Minuten goldbraun backen. Vollständig auskühlen lassen.

❻ Milch und Sahne in einem Topf aufkochen lassen. Vom Herd nehmen. Die Minzeblätter unterrühren und 20 Minuten ziehen lassen. Anschließend durch ein Sieb gießen. Beide Schokoladensorten grob hacken und in eine hitzebeständige Schüssel geben. Die Milch-Sahne-Mischung nochmals zum Kochen bringen und über die Schokolade gießen. Die Mischung kurz ziehen lassen und unter Rühren die Schokolade schmelzen.

❼ Die Füllung auf den vorgebackenen Boden gießen und an einem kühlen Ort erkalten lassen. Die Erdbeeren waschen, putzen und eventuell klein schneiden. Kurz vor dem Servieren die Schokoladentarte mit den Erdbeeren belegen und mit Minzeblättchen dekorieren.

PETERSILIE

Die Ursprünge der Petersilie liegen vermutlich im östlichen Mittelmeerraum. In der Antike war die Petersilie in erster Linie als Heilpflanze begehrt. Dort wurde sie unter anderem als Aphrodisiakum verabreicht.

Petersilie ist voller Vitamine und Nährstoffe, gilt als harntreibend und beugt so Blasen- und Nierensteinen vor. Ihre ätherischen Öle wirken geruchsbindend und aus diesem Grund wird Petersilie auch gegen Mundgeruch eingesetzt.

Bei uns ist die Petersilie eines der populärsten Küchenkräuter überhaupt. Die glatte Petersilie hat ein intensiveres und volleres Aroma als die krause Petersilie und man sollte der glatten Sorte auf jeden Fall den Vorzug geben. Allerdings welkt die glatte, geschnittene Petersilie schneller als die krause Variante. Geschnittene Petersilie hält am längsten, wenn man sie in ein leicht angefeuchtetes Tuch wickelt und im Gemüsefach des Kühlschranks aufbewahrt. Mitkochen bekommt den Petersilienblättern nicht. Dafür kann man die Stiele verwenden. Gehackte Petersilienblätter sollten erst kurz vor dem Servieren den Gerichten beigemengt werden.

In der süßen Küche passt Petersilie gut zu Quark, Joghurt, Bananen und weißer Schokolade.

QUARK-HIMBEER-TÖRTCHEN MIT PETERSILIE

Ca. 8–12 Mini-Törtchenformen, die an beiden Enden offen sind oder hohe Dessertringe, ca. 6–8 cm Durchmesser, 1 Backblech mit Backpapier ausgelegt

Zubereitungszeit: 50 Minuten
Backzeit: 10–15 Minuten
Kühlzeit: 2–3 Stunden

Wiener Boden

65 g Butter

6 Eier (Größe L)

1 Prise Salz

125 g Zucker

1 Päckchen Vanillezucker oder etwas gemahlene Vanille

100 g Mehl, gesiebt

Füllung

10 Blatt Gelatine

500 g Quark (Fettstufe nach Geschmack)

100 g Zucker

40 g glatte Petersilie, fein gehackt (ca. 2 Handvoll Blätter)

2 Eiweiß (Größe L)

250 g Sahne

250 g Himbeeren

Topping

Puderzucker zum Bestäuben

Himbeeren und Petersilienblättchen zum Dekorieren

❶ Backofen auf 180 °C vorheizen. Die Butter schmelzen lassen. Die Eier trennen. Eiweiß und Salz zu steifem Schnee schlagen.

❷ Eigelbe, Zucker und Vanillezucker zu einer hellen, cremigen Masse rühren. Dann das Mehl auf die Eigelbmasse sieben. Zusammen mit dem Eiweiß vorsichtig unterheben. Zum Schluss behutsam die flüssige Butter unterziehen. Teig gleichmäßig auf ein mit Backpapier ausgelegtes Backblech streichen. Dabei darauf achten, dass der Teig bis in die kleinsten Winkel des Blechs verteilt ist.

❸ Auf der mittleren Schiene für ca. 10–15 Minuten goldbraun backen. Etwas abkühlen lassen. Das Backblech stürzen und vorsichtig das Backpapier abziehen. Vollständig auskühlen lassen. Mit einem der ausgewählten Förmchen kleine Böden ausstechen. Man benötigt 2 Böden pro Törtchen.

❹ Für die Füllung Gelatine in kaltem Wasser einweichen. Quark und Zucker glatt rühren. Die Petersilie unterrühren. Die Gelatine mit etwas Einweichwasser in einen Topf bei niedriger Hitze auflösen. 2–3 Esslöffel der Quarkcreme unterrühren, um die Temperatur anzugleichen. Mit der restlichen Quarkcreme verrühren. Kalt stellen. Sobald die Creme beginnt fest zu werden, erst das Eiweiß und dann die Sahne steif schlagen und beides behutsam unterheben.

❺ Die Himbeeren waschen, verlesen und unterziehen. Die Förmchen auf ein mit Backpapier ausgelegtes Tablett oder Backblech stellen. Je einen kleinen Boden in die Förmchen legen. Mit der Quarkcreme bis fast zum Rand befüllen und den zweiten Boden daraufsetzen. Die Törtchen mehrere Stunden kalt stellen. Kurz vor dem Servieren die Törtchen aus den Förmchen lösen, mit Puderzucker bestäuben, mit Himbeeren belegen und mit Petersilienblättchen dekorieren.

PETERSILIE

PETERSILIEN-RECHTECKE MIT WEIßER SCHOKOLADE

1 Brownie-Form, ca. 20 × 23 cm, mit Backpapier ausgelegt
Zubereitungszeit: 25 Minuten
Backzeit: 1 Stunde

165 g Butter
100 g weiße Schokolade
265 g Zucker
140 ml Milch
160 g Mehl
1 TL Backpulver
1 Prise Salz
1 Ei (Größe L)
45 g glatte Petersilie, fein gehackt (ca. 2 große Handvoll Blätter)

❶ Butter würfeln und Schokolade grob hacken. Butter, Schokolade, Zucker und Milch in eine hitzebeständige Schüssel geben und über einem mäßig warmen Wasserbad erwärmen, bis die Schokolade und die Butter geschmolzen sind. Vom Herd nehmen und etwas abkühlen lassen.

❷ Backofen auf 180 °C vorheizen. Die Backform leicht einfetten und mit Backpapier auslegen. Mehl, Backpulver und Salz über die Schokoladen-Butter-Mischung sieben und gut verrühren. Das Ei verquirlen und unterrühren. Dann die Petersilie unterheben.

❸ Den Teig in die vorbereitete Form gießen und auf der mittleren Schiene für ca. 1 Stunde goldbraun backen. Nach dem Erkalten in kleine Rechtecke schneiden.

RINGELBLUMEN-BLÜTEN

Die Ringelblume ist eine europäische Pflanze. Der Tee aus ihren Blüten gilt als entzündungshemmend. Äußerlich angewendet haben Ringelblumenblüten eine heilsame Wirkung bei Wunden und einigen Hautkrankheiten.

Die Blüten schmecken leicht salzig und herb. Getrocknete Ringelblumenblüten werden zum Dekorieren von Speisen verwendet und sind Bestandteil einiger Kräutertees.

In der süßen Küche eignen sich die Blüten zum Verfeinern von Cremes und Rührkuchen.

RINGELBLUMENBLÜTEN

ORANGENKUCHEN MIT JOGHURT UND RINGELBLUMENBLÜTEN

1 Gugelhupf-Backform
Zubereitungszeit: 30 Minuten
Backzeit: 40–50 Minuten

Teig
210 g Mehl
1 TL Backpulver
½ TL Backnatron
1 großzügige Prise Salz
4 EL getrocknete Ringelblumenblüten
300 g Zucker
250 g Joghurt (3,5 % Fett)
125 ml Raps- oder Sonnenblumenöl
2 Eier (Größe L)
2 EL frisch gepresster Orangensaft
abgeriebene Schale von 1 Bio-Orange

Guss
250 g Puderzucker
3–4 EL frisch gepresster Orangensaft
1–2 EL getrocknete Ringelblumenblüten

❶ Backofen auf 180 °C vorheizen. Die Backform einfetten und mit Mehl bestäuben. Überschüssiges Mehl ausklopfen.

❷ Mehl, Backpulver, Backnatron und Salz in eine Schüssel sieben.

❸ Die Ringelblumenblüten mit 50 g Zucker fein mahlen. Die Mischung mit dem restlichen Zucker in eine Rührschüssel geben. Joghurt, Öl und Eier zugeben und verrühren. Dann die Mehlmischung, Orangensaft und Orangenabrieb unterrühren.

❹ Den Teig in die vorbereitete Backform füllen und auf der mittleren Schiene für ca. 40–50 Minuten goldbraun backen.

❺ Für den Guss Puderzucker mit Orangensaft verrühren und über den erkalteten Kuchen gießen. Mit den Ringelblumenblüten bestreuen.

RINGELBLUMENBLÜTEN

RINGELBLUMEN-PUDDING-TÖRTCHEN

Ca. 8–10 kleine Kuchenförmchen, 6–8 cm Durchmesser oder Muffinförmchen, 1 Ausstecher
Zubereitungszeit: 45 Minuten
Backzeit: 30 Minuten

Füllung

250 ml Vollmilch

2 EL getrocknete Ringelblumen

3 Eigelb (Größe L)

1 Päckchen Vanillezucker oder etwas gemahlene Vanille

250 g Zucker

25 g Stärkemehl

200 g weiche Butter

2 Eier (Größe L)

200 g gemahlene Mandeln

rote Beeren zum Dekorieren (optional)

Teig

1 Rolle Blätterteig aus dem Kühlregal

❶ Für die Füllung Milch und Ringelblumenblüten in einen Topf geben. Kurz aufkochen lassen. Vom Herd nehmen und 30 Minuten ziehen lassen. In einer hitzebeständigen Schüssel Eigelbe mit Vanillezucker, 50 g Zucker und Stärkemehl verrühren. Die Milch durch ein Sieb gießen nochmals zum Kochen bringen. Die heiße Milch in einem dünnen Strahl und unter Rühren in die Eigelbmischung fließen lassen. Die Eigelbmilch zurück in den Topf geben und bei starker Hitze rühren, bis die Flüssigkeit eindickt. Die Creme in eine kleine Schüssel oder auf einen flachen Teller füllen und Frischhaltefolie direkt auf die Oberfläche legen. Abkühlen lassen.

❷ 200 g Zucker mit der Butter schaumig rühren. Eier und Mandeln unterrühren. Die erkaltete Creme hinzufügen und glatt rühren.

❸ Backofen auf 180 °C vorheizen. Backförmchen einfetten.

❹ Den Blätterteig flach ausbreiten. Mit einem Ausstecher, der in der Größe dem Volumen der Förmchen entspricht, runde Scheiben ausstechen und die Förmchen damit auslegen. Die Füllung auf den Teig streichen.

❺ Die Törtchen auf der mittleren Schiene für ca. 30 Minuten goldbraun backen. Die Tartelets in der Form auskühlen lassen. Nach Geschmack vor dem Servieren mit Beeren belegen.

ROSENBLÜTEN

Rosen wurden schon im antiken Rom als Heilmittel und Hautpflegeprodukt eingesetzt. Der Blütentee gilt als blutreinigend und wirkt lindernd bei Kopfschmerzen.

Rosenblüten sind in Form von Rosenwasser ein fester Bestandteil der orientalischen Küche. Bei uns waren sie in Vergessenheit geraten und galten eine Zeitlang sogar als altmodisch. Doch mittlerweile gewinnen die Blüten wieder zunehmend an Beliebtheit.

Wer Rosenblüten verwenden möchte, sollte darauf achten, dass sie wirklich Bio-Qualität besitzen.

Mittlerweile sind etliche Rosenprodukte im Handel erhältlich. Abgesehen vom Rosenwasser, gibt es Rosenblütensirup, Rosenblütengelees, Rosenblütensalz und Rosenblütenzucker. Rosenblüten schmecken wie sie riechen: blumig und süßlich.

In der süßen Küche passen Rosenblüten zu Früchten (Himbeeren, Erdbeeren, Aprikosen etc.), Schokolade, Marzipan und Cremes.

ROSENBLÜTEN

FLORENTINER MIT CRANBERRIES, ROSENWASSER UND ROSENBLÜTEN

Für ca. 20 Stück
1–2 Backbleche mit Backpapier ausgelegt
Zubereitungszeit: 35 Minuten
Backzeit: 12–14 Minuten

100 g Zucker
50 g Butter
80 g Honig
50 g Sahne
2 EL Rosenwasser
250 g gehobelte Mandeln
100 g getrocknete Cranberries
10 g getrocknete Rosenblüten
200 g dunkle Schokolade (70 % Kakaoanteil)

❶ Zucker, Butter, Honig und Sahne in einem Topf bei niedriger bis mittlerer Hitze unter Rühren erhitzen, bis die Butter geschmolzen ist. Das Rosenwasser unterrühren und für ca. 7–10 Minuten leise köcheln lassen, bis die Mischung etwas eindickt.

❷ Backofen auf 200 °C vorheizen.

❸ Mandeln, Cranberries und Rosenblüten zu der Honigmischung geben und nochmals für 2–3 Minuten köcheln lassen. Vom Herd nehmen.

❹ Mit einem Teelöffel kleine Häufchen abstechen und in ca. 8 cm großen Abständen auf die Backbleche setzen.

❺ Die Florentiner auf der mittleren Schiene für 12–14 Minuten backen.

❻ Auskühlen lassen. Die Schokolade grob hacken, über einem heißen Wasserbad schmelzen und die Rückseite der Florentiner in die Schokolade tauchen. Erkalten lassen.

ROSEN-ECLAIRS

Für ca. 10–15 Stück
1–2 Backbleche mit Backpapier ausgelegt, 1 Spritzbeutel
Zubereitungszeit: 40 Minuten
Backzeit: 20–30 Minuten

Brandteig

125 ml Milch

125 ml Wasser

110 g Butter

1 Prise Salz

15 g Zucker

150 g Mehl, gesiebt

4 Eier (Größe L)

Rosenguss

125 g Rosenkonfitüre oder -gelee

200 g Puderzucker, gesiebt

25 g weiche Butter

Füllung

500 g Sahne

2 Päckchen Sahnesteif

50 g Puderzucker (nach Geschmack)

1–2 EL Rosenwasser

❶ Backofen auf 200 °C vorheizen.

❷ Für den Brandteig Milch, Wasser, Butter, Salz und Zucker in einen Topf geben und erhitzen, bis die Butter geschmolzen ist. Kurz aufkochen lassen und das Mehl hineinschütten. Kräftig rühren, bis sich ein weißlicher Film auf dem Topfboden bildet und der Teig sich zusammengefügt hat.

❸ Vom Herd nehmen und die Eier nacheinander und mit einem Holzlöffel unter kräftigem Rühren einarbeiten. Etwas abkühlen lassen und in eine Spritztüte mit Lochtülle füllen.

❹ Pro Eclair jeweils 2 Teigstränge eng aneinander auf das Backblech spritzen. Einen dritten Teigstrang mittig daraufsetzen.

❺ Die Eclairs auf der mittleren Schiene für ca. 20–30 Minuten goldbraun backen. Auskühlen lassen. Die Eclairs waagerecht in zwei Hälften schneiden.

❻ Für den Guss die Konfitüre durch ein Sieb streichen, erwärmen und mit Puderzucker und Butter glatt rühren. Ist der Guss zu dick, etwas mehr Konfitüre zugeben. Die oberen Eclairhälften mit dem Guss bestreichen.

❼ Für die Füllung Sahne, Sahnesteif, Puderzucker und Rosenwasser mischen und steif schlagen. Die Füllung auf die untere Hälfte spritzen oder häufen und die obere Eclairhälfte daraufsetzen.

ROSENBLÜTEN

ROSENRING MIT BEEREN UND SAHNEWOLKE

1 Springform mit Ringeinsatz, 20–24 cm Durchmesser
Zubereitungszeit: 40 Minuten
Backzeit: 1 Stunde

Teig

200 g Himbeeren

2 EL Rosenwasser

2 EL Milch

2 Eiweiß (Größe L)

3 EL Zucker

125 g gemahlene Mandeln

125 g Mehl, gesiebt

1 TL Backpulver

1 Prise Salz

240 g zimmerwarme Butter

75 g Puderzucker, gesiebt

3 Eigelb (Größe L)

1 Ei (Größe L)

150 g Erdbeeren

Füllung

400 g Sahne

60 ml Rosensirup

250 g Himbeeren

300 g Erdbeeren

❶ Backofen auf 150 °C vorheizen. Die Backform einfetten und mit Mehl bestäuben. Überschüssiges Mehl ausklopfen.

❷ 15 Himbeeren waschen, verlesen und durch ein Sieb streichen. Das Himbeerpüree in einem kleinen Gefäß mit Rosenwasser und Milch verrühren. Eiweiß schaumig schlagen. Weiterrühren und dabei den Zucker einrieseln lassen. Zu einem glänzenden, steifen Eischnee schlagen.

❸ Mandeln, Mehl, Backpulver und Salz in einer Schüssel mischen. In einer Rührschüssel Butter und Puderzucker schaumig rühren. Nacheinander die Eigelbe und das Ei hinzufügen. Jeweils gut einarbeiten. Die Himbeermilch unterrühren. Die Mehlmischung und den Eischnee abwechselnd behutsam unterziehen. Erdbeeren waschen, putzen und vierteln. Zum Schluss vorsichtig beide Beerensorten unterheben.

❹ Den Teig in die vorbereitete Backform füllen und auf der mittleren Schiene für ca. 1 Stunde goldbraun backen. Den fertigen Kuchen in der Backform auskühlen lassen.

❺ Kurz vor dem Servieren den Kuchen aus der Backform lösen und auf eine Tortenplatte setzen. Für die Füllung Sahne mit Rosensirup steif schlagen. Beeren waschen, verlesen und putzen. Entweder die Beeren unter die Sahne heben oder die Beeren rund um den Kuchen arrangieren. Die Sahne in die Mitte des Kuchens häufen.

ROSMARIN

Der mediterrane Rosmarin gilt im Mittelmeerraum als Symbol für Treue und Liebe. Im Mittelalter wurde Rosmarin als Medizin gegen die Pest und das Altern eingesetzt. Noch heute wird Rosmarin als Heilpflanze geschätzt. Er wirkt anregend bei niedrigem Blutdruck und hilft bei Verdauungsproblemen. Äußerlich angewendet, helfen die ätherischen Öle bei Muskelkater.

Rosmarin zählt zu den Kräutern der Provence. Es werden in erster Linie die jungen Blätter und Triebspitzen verwendet. Die harten Blätter erinnern an Tannennadeln und ihr warmes, rauchiges Aroma ist sehr prägnant. Sein volles Aroma entfaltet Rosmarin erst, wenn man ihn erwärmt, er sollte deshalb immer mitgekocht werden.

Geschnittener Rosmarin hält sich für ein paar Tage, wenn man ihn in ein feuchtes Tuch einwickelt und im Gemüsefach des Kühlschranks aufbewahrt. Die Rosmarinpflanze lässt sich gut in frostgeschützten Ecken im Garten oder auf dem Balkon halten.

In der süßen Küche harmoniert Rosmarin hervorragend mit Beeren, Steinfrüchten und Kernobst.

ROSMARIN

ERDBEERTARTE MIT ROSMARIN

1 Springform,
22–24 cm Durchmesser

Zubereitungszeit: 50 Minuten
Backzeit: 20 Minuten
Kühlzeit: 2–3 Stunden

Wiener Boden

35 g Butter

3 Eier (Größe L)

1 Prise Salz

65 g Zucker

50 g Mehl

1 Päckchen Vanillezucker oder etwas gemahlene Vanille

Erdbeer-Rosmarin-Creme

12 Blatt rote Gelatine

400 g Erdbeeren

Saft von 1 Zitrone

250 ml Milch

6 Eigelb (Größe L)

100 g Zucker

25 g Stärkemehl

10 g Rosmarinnadeln, sehr fein gehackt (ca. 2 gestrichene EL)

2 Eiweiß (Größe L)

150 g Sahne

❶ Backofen auf 180 °C vorheizen. Den Boden der Springform leicht einfetten.

❷ Die Butter schmelzen lassen. Die Eier trennen. Eiweiß und Salz in einer sauberen, fettfreien Schüssel zu steifem Schnee schlagen.

❸ In einer weiteren Schüssel Eigelbe, Zucker und Vanillezucker zu einer hellen, schaumigen Masse rühren. Das kann ein paar Minuten dauern.

❹ Mehl auf die Eigelbmasse sieben. Zusammen mit dem Eiweiß vorsichtig unterheben. Zum Schluss behutsam die flüssige Butter unterrühren.

❺ Teig in die vorbereitete Backform füllen und auf mittlerer Schiene ca. 20 Minuten goldbraun backen. Aus der Form nehmen und vollständig auskühlen lassen.

❻ Den Boden mit einem Tortenring umschließen oder den Boden zurück in die mit Frischhaltefolie ausgelegte Springform legen.

❼ Für die Erdbeer-Rosmarin-Creme Gelatine in kaltem Wasser einweichen. Die Erdbeeren waschen, putzen und pürieren. Erdbeerpüree, Zitronensaft und Milch in einen Topf geben und aufkochen lassen. In einer hitzebeständigen Schüssel Eigelbe mit 70 g Zucker und dem Stärkemehl glatt rühren. Die heiße Erdbeermilch schrittweise unterrühren. Die Mischung zurück in den Topf geben und unter Rühren eindicken lassen. Vom Herd nehmen und den gehackten Rosmarin unterrühren. Die Gelatine ausdrücken, zugeben und in der Mischung auflösen. Kalt stellen. Sobald die Gelatine beginnt fest zu werden, das Eiweiß schaumig schlagen. Weiterschlagen, 30 g Zucker einrieseln lassen und zu einem steifen, glänzenden Eischnee schlagen. Die Sahne steif schlagen. Eischnee und Sahne behutsam unter die Erdbeercreme heben. Die Füllung auf den Boden streichen und für mehrere Stunden kalt stellen.

ROSMARIN

MANDELTARTE MIT ROSMARINPFIRSICHEN

1 Tarteform oder 1 Springform, 22–24 cm Durchmesser

Getrocknete Hülsenfrüchte zum Blindbacken

Zubereitungszeit: 1 Stunde
Backzeit Boden: 20 Minuten
Backzeit mit Füllung: 40 Minuten
Kühlzeit: 1 Stunde

Mürbeteig

125 g Butter

100 g Puderzucker

1 Ei (Größe L)

250 g Mehl

1 Prise Salz

Rosmarinpfirsiche

1 l Wasser

600 g Zucker

3 Rosmarinzweige (ca. 30 g)

4 große oder 5 kleine, aromatische Pfirsiche

Füllung

200 g weiche Butter

200 g Zucker

2 Eier (Größe L)

200 g gemahlene Mandeln

1 Prise Salz

1 Päckchen Vanillezucker oder etwas gemahlene Vanille

50 g Mandelblättchen zum Bestreuen (optional)

❶ Alle Zutaten für den Mürbeteig in eine Schüssel geben und zügig mit den Händen zu einem glatten Teig kneten. Den Teig mindestens 1 Stunde im Kühlschrank ruhen lassen.

❷ Für die Rosmarinpfirsiche Wasser, Zucker und Rosmarinzweige in einen Topf geben, kurz aufkochen und für 15 Minuten leicht köcheln lassen. Die Pfirsiche waschen, abtrocknen, hinzugeben und für 30 Minuten leicht köcheln lassen. Anschließend vom Herd nehmen und abkühlen lassen.

❸ Backofen auf 180 °C vorheizen. Die Backform einfetten.

❹ Den Teig ausrollen und den Boden und die Ränder der Form damit auslegen. Den Teigboden mehrmals mit einer Gabel einstechen. Ein Stück Backpapier auf den Teig legen und die Form mit den Hülsenfrüchten füllen. Den Boden auf mittlerer Schiene für ca. 20 Minuten blindbacken. Backpapier und Hülsenfrüchte entfernen.

❺ Für die Füllung die Butter und den Zucker mit einem Handrührgerät schaumig schlagen. Eier, gemahlene Mandeln, Salz und Vanille hinzufügen und zu einer glatten Creme verrühren.

❻ Behutsam die Pfirsiche aus dem Sud nehmen, die Haut abziehen, die Pfirsiche halbieren und die Steine entfernen.

❼ Die Mandelcreme auf den vorgebackenen Boden streichen. Die Pfirsiche auf der Füllung arrangieren und leicht eindrücken. Mit den Mandelblättchen bestreuen (optional).

❽ Die Tarte im Ofen auf der mittleren Schiene für ca. 40 Minuten backen. Die Oberfläche sollte goldbraun sein. Die fertige Tarte in der Form auskuhlen lassen.

ROSMARIN

SCHOKOLADENMUFFINS MIT APRIKOSEN UND ROSMARIN

SCHNELL GEMACHT

12 Muffinformen mit Papierförmchen ausgekleidet
Zubereitungszeit: 20 Minuten
Backzeit: 25 Minuten

Teig
200 g Aprikosen
200 g Mehl
2 TL Backpulver
1 Prise Salz
20 g Kakaopulver
12 g Rosmarin, sehr fein gehackt (ca. 2 EL)
2 Eier (Größe L)
80 g Zucker
1 Päckchen Vanillezucker
80 ml Sonnenblumen- oder Rapsöl
250 g Joghurt

Topping
125 g Aprikosenmarmelade
3 EL Wasser
150 g Sahne (optional)
Rosmarinnadeln

❶ Backofen auf 200 °C vorheizen. Die Aprikosen waschen, entsteinen und würfeln.

❷ Mehl, Backpulver, Salz und Kakaopulver in eine kleine Schüssel sieben. Rosmarin unterrühren.

❸ In einer zweiten Schüssel Eier, Zucker, Vanillezucker, Öl und Joghurt glatt rühren. Die Mehlmischung dazugeben und nur so lange rühren, bis sich der Teig gerade eben zusammengefügt hat. Die Aprikosen unterheben.

❹ Den Teig in die Förmchen füllen und auf der mittleren Schiene für ca. 25 Minuten backen.

❺ Aprikosenmarmelade und Wasser in einem Topf erhitzen. Die Mischung durch ein Sieb streichen und die Muffins damit bestreichen. Sahne steif schlagen (optional) und eine kleine Sahnewolke auf jeden Muffin platzieren. Mit ein paar Rosmarinnadeln dekorieren.

SALBEI

Die Heimat des Salbeis ist der Mittelmeerraum. Im römischen Reich hieß er Salvia, was übersetzt so viel wie Heil oder Rettung bedeutet. Im Mittelalter sagte man dem Salbei nach, dass er zum ewigen Leben verhelfen könne.

Als Heilpflanze genießt Salbei einen exzellenten Ruf. Er wird bei der Behandlung von Atemwegserkrankungen, Erkrankungen im Mund- und Rachenraum sowie als Mittel gegen übermäßiges Schwitzen eingesetzt. Er wirkt entzündungshemmend und verdauungsfördernd.

Nach wie vor ist Salbei ein fester Bestandteil in der mediterranen Küche. Die flauschigen Blätter schmecken würzig-herb, etwas harzig und leicht bitter. Er kann mitgekocht werden und sein Aroma kommt am besten zur Geltung, wenn er leicht in Butter angebraten wird. Salbei kann gut eingefroren werden – in etwas Öl einlegt. Die Pflanze gedeiht im Garten, solange sie nicht zu hartem Frost ausgesetzt ist.

In der süßen Küche passt Salbei zu Honig, Kernobst und Kürbis, zudem verwendet man ihn als aromatisches Kuchengewürz.

SALBEI

HIMBEERKUCHEN MIT SALBEI

1 Springform,
24–26 cm Durchmesser

Zubereitungszeit: 35 Minuten
Backzeit: 50–60 Minuten

Teig

190 g Mehl

1 gehäufter TL Backpulver

1 Prise Salz

1 EL Stärkemehl

75 g saure Sahne

50 ml Milch

2 EL aromatischer Honig

120 g weiche Butter

160 g Zucker

1 Päckchen Vanillezucker oder etwas gemahlene Vanille

2 Eier (Größe L)

150 g Himbeeren

10 g Salbei, in sehr feine Streifen geschnitten (ca. 2 EL)

Topping

300 g Sahne

1 Päckchen Sahnesteif

200 g Himbeeren

2–3 EL aromatischer Honig

❶ Backofen auf 180 °C vorheizen.

❷ Die Backform einfetten und gegebenenfalls den Boden mit einem auf die Form zugeschnittenen Stück Backpapier auslegen.

❸ Mehl, Backpulver, Salz und Stärkemehl in eine Schüssel sieben.

❹ Saure Sahne, Milch und Honig in einem kleinen Gefäß verrühren.

❺ In einer Rührschüssel Butter, Zucker und Vanillezucker zu einer hellen und schaumigen Masse schlagen. Nacheinander die Eier hinzufügen. Jedes Ei gut einarbeiten.

❻ Abwechselnd die Milchmischung und die Mehlmischung hinzugeben und zu einem glatten Teig rühren. Himbeeren waschen und verlesen und zusammen mit dem Salbei behutsam unterziehen.

❼ Den Teig in die vorbereitete Backform füllen und auf der mittleren Schiene für ca. 50–60 Minuten goldbraun backen.

❽ Auf einem Kuchengitter vollständig auskühlen lassen.

❾ Kurz vor dem Servieren die Sahne mit Sahnesteif steif schlagen und auf den Kuchen streichen. Mit Himbeeren belegen und mit Honig beträufeln.

SALBEI

WAFFELN MIT SALBEI UND GLASIERTEN ÄPFELN

Für ca. 6 Waffeln
(belgisches Waffeleisen)

1 Waffeleisen (für Herzwaffeln oder belgische Waffeln)

Zubereitungszeit: 25 Minuten
Backzeit: 15 Minuten
Ruhezeit: 30 Minuten

Teig

200 g Mehl

½ TL Backpulver

1 Prise Salz

50 g gemahlene Mandeln

5 g Salbeiblätter, in sehr feine Streifen geschnitten (ca. 5 Blätter)

250 g säuerliche, aromatische Äpfel

50 g weiche Butter

100 g Zucker

3 Eier (Größe L)

65 g saure Sahne

Butterschmalz oder Öl zum Backen

Glasierte Äpfel

2–3 säuerliche, aromatische Äpfel

35 g Butter

50 g Zucker

Saft von ½ Zitrone

❶ Mehl, Backpulver und Salz ein eine kleine Schüssel sieben. Mandeln und Salbei unterrühren.

❷ Die Äpfel schälen, entkernen und grob reiben.

❸ Butter und Zucker schaumig rühren. Nach und nach die Eier hinzugeben. Jedes Ei gut einarbeiten. Dann Apfelraspel und saure Sahne unterrühren. Zuletzt die Mehlmischung unterheben. Den Teig 30 Minuten ruhen lassen.

❹ Für die glasierten Äpfel die Früchte waschen, vierteln, entkernen und in dünne Spalten schneiden. Butter und Zucker in einer Pfanne bei niedriger bis mittlerer Hitze schmelzen. Äpfel darin kurz anbraten. Zitronensaft hinzufügen und 2 Minuten köcheln lassen.

❺ Waffeleisen vorheizen und mit etwas Butterschmalz oder Öl einfetten. Mit etwa einem Drittel des Teiges bestreichen und für ca. 4–5 Minuten goldbraun backen. Mit dem restlichen Teig genauso verfahren.

❻ Die Waffeln mit den glasierten Äpfeln servieren.

THYMIAN

Die ursprüngliche Heimat des Thymians ist der östliche Mittelmeerraum. Thymian wurde bereits in den Schriften des alten Ägyptens erwähnt. Im römischen Reich haben die Legionäre in Bädern mit Thymianzusätzen gebadet, um ihre Motivation zu steigern. Zeitweilig wurde das Kraut auch als heilig und potenzfördernd angesehen. Im Mittelalter war Thymian ein Symbol für Erfolg und Mut.

Als Heilpflanze wirkt Thymian antibakteriell und schleimlösend und ist somit eine gute Naturmedizin bei Erkältungen und Infekten.

Thymian zählt zu den Kräutern der Provence. Er schmeckt angenehm würzig und frisch. Mit dem Küchenkraut lässt sich sowohl im frischen Zustand als auch getrocknet hervorragend kochen und würzen. Dabei ist der getrocknete Thymian mitunter fast noch aromatischer als das frische Küchenkraut. Im Sommer gedeiht er in Gärten und auf dem Balkon.

Es gibt viele Unterarten wie z. B. den Zitronenthymian, der eine schöne Zitrusnote hat.

In der süßen Küche harmoniert Thymian in erster Linie mit Früchten und Milchprodukten.

BUTTERMILCHKUCHEN MIT MARACUJA UND THYMIAN

1 Gugelhupf-Form oder
1 Kastenform
Zubereitungszeit: 30 Minuten
Backzeit: 45 Minuten

Teig

300 g Mehl

2 TL Backpulver

3 reife Maracujas

3 Eier (Größe L)

1 Prise Salz

250 g weiche Butter

225 g Zucker

1 Päckchen Vanillezucker

180 ml Buttermilch

3 gehäufte EL Thymianblättchen

Guss

3 reife Maracujas

250 g Puderzucker

❶ Backofen auf 180 °C vorheizen.

❷ Die Backform einfetten und mit Mehl bestäuben. Überschüssiges Mehl ausklopfen.

❸ Mehl und Backpulver in eine kleine Schüssel sieben.

❹ Die Maracujas halbieren und mit einem kleinen Löffel das Fruchtfleisch herauslösen. Beiseite stellen.

❺ Die Eier trennen. Eiweiß mit dem Salz in einer fettfreien Schüssel steif schlagen.

❻ In einer zweiten Schüssel Butter, Zucker und Vanillezucker zu einer hellen, schaumigen Masse rühren. Das kann ein paar Minuten dauern. Nacheinander die Eigelbe unterrühren. Jedes einzelne gut einarbeiten.

❼ In mehreren Schritten Mehl und Buttermilch abwechselnd unter den Teig heben. Das Maracujafruchtfleisch und die Thymianblätter unterrühren. Zuletzt den Eischnee vorsichtig unterheben.

❽ Den Teig in die vorbereitete Form füllen und ca. 45 Minuten backen. Den fertigen Kuchen 10 Minuten ruhen lassen. Dann aus der Form nehmen.

❾ Für den Guss die Maracujas halbieren, mit einem kleinen Löffel das Fruchtfleisch herauslösen und mit dem Puderzucker verrühren. Den Guss über den noch warmen Kuchen verteilen.

THYMIAN

TARTE TATIN
MIT ÄPFELN, BIRNEN UND THYMIAN

1 Springform, 24–26 cm Durchmesser (möglichst auslaufsicher)

Zubereitungszeit: 35 Minuten
Backzeit: 30–40 Minuten
Kühlzeit: 1 Stunde

Teig

3 Eigelb (Größe L)

135 g Zucker

150 g weiche Butter

200 g Mehl

1 Prise Salz

2 gehäufte TL Backpulver

Belag

125 g Butter

125 g Zucker

3 säuerliche, aromatische Äpfel

2–3 Birnen

Saft von 1 Zitrone

Thymianglasur

200 g Aprikosenkonfitüre

50 ml Wasser

8 g Thymianzweige (ca. 8 Zweige)

❶ Für den Teig Eigelbe und Zucker schaumig schlagen. Die Butter hinzufügen und gut einarbeiten. Mehl, Salz und Backpulver dazugeben und alles zu einem glatten Teig verarbeiten. Den Teig in Frischhaltefolie einschlagen und mindestens 1 Stunde im Kühlschrank ruhen lassen.

❷ Backofen auf 180 °C vorheizen.

❸ Die Backform einfetten. Falls keine auslaufsichere Backform vorhanden ist, kann man den Boden auch mit einem Stück Backpapier auskleiden. Das Papier kreisförmig zuschneiden, sodass es ca. 2 cm größer ist, als der Durchmesser der Backform.

❹ Butter und Zucker in einer großen Bratpfanne bei mittlerer Hitze schmelzen und für ca. 5 Minuten köcheln lassen, bis die Mischung einen Karamellton angenommen hat. Äpfel und Birnen schälen, entkernen und achteln. Obst und Zitronensaft in die Pfanne geben und 5 weitere Minuten köcheln lassen. Vom Herd nehmen und den gesamten Inhalt der Pfanne auf dem Boden der Springform verteilen. (Falls sich Butter und Zucker nicht mehr miteinander verrühren lassen, ist das nicht weiter schlimm.) Die Obstspalten in der Form dekorativ arrangieren. Den Teig auf die Größe der Backform ausrollen und über die Früchte legen. Die Ränder etwas eindrücken.

❺ Auf mittlerer Schiene 30–40 Minuten goldbraun backen.

❻ Für die Glasur die Konfitüre mit dem Wasser in einen Topf geben. Die Thymianzweige hinzufügen. Aufkochen und 3 Minuten köcheln lassen. Durch ein Sieb streichen und warm halten.

❼ Die fertige Tarte 2–3 Minuten ruhen lassen und dann vorsichtig auf eine Kuchenplatte stürzen. Dabei aufpassen, dass kein heißer Saft auf die Hände gelangt. Mit der Thymianglasur bestreichen. Die Tarte schmeckt am besten, wenn sie noch warm ist.

THYMIAN

THYMIAN-COOKIES MIT SCHOKOLADE

Für ca. 30–40 Kekse
1–2 Backbleche mit Backpapier ausgelegt

Zubereitungszeit: 20 Minuten
Backzeit: 10–12 Minuten
Kühlzeit: 2–12 Stunden

150 g dunkle Schokolade (70 % Kakaoanteil)
180 g Mehl
1 Prise Salz
30 g Kakaopulver
1 gestrichener EL Backnatron
4 EL Thymianblättchen
150 g weiche Butter
120 g brauner Vollrohrzucker
50 g Zucker
1 Päckchen Vanillezucker oder etwas gemahlene Vanille

❶ Die Schokolade reiben oder sehr fein hacken. Mehl, Salz, Kakaopulver und Natron in eine Schüssel sieben. Die Thymianblättchen unterrühren.

❷ In einer Rührschüssel die Butter schaumig rühren. Beide Zuckersorten und Vanillezucker unterrühren. Die Mehlmischung und die Schokolade hinzufügen und zügig zu einem glatten Teig verarbeiten.

❸ Den Teig zu 1–2 Rollen formen (je nach gewünschter Keksgröße) und mindestens 2 bis zu 12 Stunden im Kühlschrank ruhen lassen.

❹ Backofen auf 180 °C vorheizen.

❺ Mit einem scharfen Messer 1 cm dicke Scheiben von der Teigrolle schneiden und in ca. 6 cm großen Abständen auf die mit Backpapier ausgelegten Backbleche setzen. Die Thymian-Cookies für ca. 10–12 Minuten auf der mittleren Schiene backen und anschließend 5 Minuten auf dem Blech ruhen lassen. Zum vollständigen Auskühlen auf ein Kuchengitter geben.

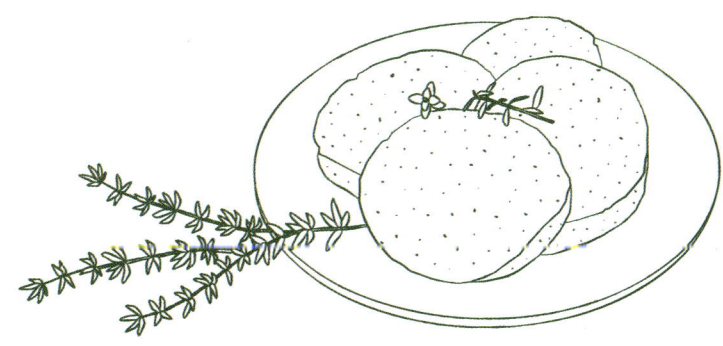

ZITRONENGRAS

Zitronengras stammt ursprünglich aus Südostasien und ist heute in ganz Asien verbreitet. Als Heilmittel wirkt die Pflanze antibakteriell und entzündungshemmend sowie beruhigend bei Magenproblemen.

Wie der Name es bereits ankündigt, hat das Gras ein zitronenartiges, frisches Aroma. Frisches Zitronengras lässt sich auf zwei Arten verwenden. Man bricht mit einem Topf oder Nudelholz die Fasern der Stängel auf und lässt die Stängel mitkochen. Oder man „schält" die Stängel, bis man zu dem weichen Mark gelangt, hackt dieses fein und streut es über die Gerichte.

Am besten hält sich Zitronengras, wenn man es in Zeitungspapier einschlägt und im Kühlschrank lagert.

In der süßen Küche kann man Zitronengras überall dort einsetzen, wo man sich eine frische, leicht zitronenartige Note wünscht.

ZITRONENGRAS

BROWNIES MIT ZITRONENGRAS

1 Brownie-Form, 20 × 23 cm, eingefettet und mit Backpapier ausgelegt

Zubereitungszeit: 45 Minuten
Backzeit: 20–25 Minuten

6 Stängel Zitronengras
190 g Butter
190 g Schokolade (70 % Kakaoanteil)
275 g Zucker
1 Päckchen Vanillezucker oder etwas gemahlene Vanille
3 Eier (Größe L)
125 g Mehl
1 Prise Salz

❶ Backofen auf 180 °C vorheizen.

❷ Mit einem Topf oder Nudelholz das Zitronengras zerquetschen. Zitronengras eventuell kürzen, mit der Butter in einen Topf geben und die Butter bei niedriger Hitze schmelzen lassen. Vom Herd nehmen und für 30 Minuten ziehen lassen. Die Schokolade grob hacken.

❸ Butter nochmals leicht erwärmen, durch ein Sieb gießen und zusammen mit der Schokolade in eine große, hitzebeständige Schüssel geben. Über einem heißen Wasserbad die Schokolade schmelzen. Etwas abkühlen lassen.

❹ In einer weiteren Schüssel Zucker, Vanillezucker und Eier verrühren und anschließend zur Schokoladen-Butter-Mischung geben. Das Mehl und Salz darübersieben und unterheben.

❺ Den Teig in die vorbereitete Form füllen und für ca. 20–25 Minuten backen. Die Oberfläche sollte einen leicht helleren Ton angenommen haben, aber die Mitte noch recht weich sein.

ZITRONENGRAS

KOKOSKÜCHLEIN MIT ZITRONENGRAS

12 Muffinförmchen
Zubereitungszeit: 45 Minuten
Backzeit Boden: 15 Minuten
Backzeit mit Füllung: 45 Minuten

Füllung

6 Stängel Zitronengras

350 g Sahne

150 ml Kokosmilch

200 g Zucker

4 Eier (Größe L)

40 g Mehl

100 g Kokosraspel

Teig

125 g weiche Butter

200 g Zucker

1 Päckchen Vanillezucker oder etwas gemahlene Vanille

1 Ei (Größe L)

70 g Mehl

1 Prise Salz

½ TL Backpulver

❶ Mit einem Topf oder Nudelholz das Zitronengras zerquetschen. Zitronengras eventuell kürzen, mit Sahne und Kokosmilch in einen Topf geben, kurz aufkochen lassen, vom Herd nehmen und 30 Minuten ziehen lassen. Dann die Mischung durch ein Sieb gießen und gegebenenfalls abkühlen lassen.

❷ Backofen auf 180 °C vorheizen. Die Backförmchen einfetten und mit Mehl bestäuben. Überschüssiges Mehl ausklopfen.

❸ Für den Teig Butter, Zucker und Vanillezucker zu einer hellen, schaumigen Masse rühren. Das Ei einarbeiten. Mehl, Salz und Backpulver über die Masse sieben und unterheben. Zu einem glatten, weichen Teig rühren.

❹ Den Teig in die Backförmchen füllen und auf der mittleren Schiene für 15 Minuten backen. Dann herausnehmen. (Es kann sein, dass der Teig sehr schaumig aufgeht. Das kann man aber getrost ignorieren!)

❺ Für die Füllung Zucker und Eier cremig rühren. Die Sahne-Kokosmilch-Mischung, Mehl und Kokosraspeln hinzufügen und rühren, bis sich alles gut verbunden hat. Die Füllung auf die vorgebackenen Böden gießen und auf der mittleren Schiene für ca. 45 Minuten goldbraun backen.

❻ Die Küchlein in der Form auskühlen lassen.

ZITRONENGRAS-PANNA-COTTA-TARTE

1 Springform,
24–26 cm Durchmesser
Zubereitungszeit: 40 Minuten
Backzeit: 20 Minuten

Panna-Cotta-Creme

8 Stängel Zitronengras

500 g Sahne

500 ml Milch

12 Blatt Gelatine

100 g Zucker

250 g Himbeeren

Wiener Boden

35 g Butter

3 Eier (Größe L)

1 Prise Salz

65 g Zucker

1 Päckchen Vanillezucker oder etwas gemahlene Vanille

50 g Mehl, gesiebt

Topping

Ca. 100 g Himbeeren

❶ Für die Panna Cotta mit einem Topf oder Nudelholz das Zitronengras zerquetschen. Sahne und Milch in einem Topf kurz aufkochen lassen. Vom Herd nehmen, das Zitronengras dazugeben und für 30 Minuten ziehen lassen.

❷ Backofen auf 180 °C vorheizen. Den Boden der Springform leicht einfetten.

❸ Für den Teig die Butter schmelzen. Die Eier trennen. Eiweiß und Salz in einer sauberen, fettfreien Schüssel zu einem steifen Schnee schlagen. In einer weiteren Schüssel Eigelbe, Zucker und Vanillezucker zu einer hellen, cremigen Masse rühren. Das kann ein paar Minuten dauern.

❹ Mehl auf die Eigelbmasse sieben. Zusammen mit dem Eiweiß vorsichtig unterheben. Zum Schluss behutsam die flüssige Butter unterrühren.

❺ Den Teig in die vorbereitete Backform füllen und auf mittlerer Schiene ca. 20 Minuten backen. Aus der Form nehmen und vollständig auskühlen lassen. Anschließend den Boden mit einem Tortenring umschließen oder zurück in die mit Frischhaltefolie ausgelegte Springform legen.

❻ Für die Panna-Cotta-Creme Gelatine in kaltem Wasser einweichen. Die Sahne-Milch-Mischung durch ein Sieb zurück in den Topf gießen und zusammen mit dem Zucker nochmals aufkochen lassen. Vom Herd nehmen und die ausgedrückte Gelatine darin auflösen. Kalt stellen. Die Himbeeren waschen und verlesen. Sobald die Gelatine beginnt fest zu werden, die Himbeeren unterheben und die Füllung auf den Boden gießen. Für mehrere Stunden kalt stellen.

❼ Kurz vor dem Servieren mit ein paar Himbeeren dekorieren.

ZITRONENMELISSE

Die ursprüngliche Heimat der Zitronenmelisse liegt im Vorderen Orient. Sie ist mit der Minze verwandt. Im Mittelalter wurde sie bei Hysterie, Gedächtnisstörungen und sogenannten Frauenkrankheiten angewendet.

Auch in der Gegenwart wird die Zitronenmelisse in der Naturheilkunde eingesetzt. Zitronenmelissentee wirkt beruhigend, hilft bei Verdauungsproblemen, depressiven Verstimmungen und bei Schlaflosigkeit.

Äußerlich angewendet soll die Pflanze bei Lippenherpes und Entzündungen der Haut helfen.

Zitronenmelisse lässt sich gut im Garten anbauen. Im Handel ist sie in Töpfen das ganze Jahr über erhältlich. Man kann sie aber auch gut einfrieren.

Der Geschmack der Zitronenmelisse ist bittersüß und zitronenartig. Sie sollte frisch verwendet werden. Wird die Zitronenmelisse mitgekocht, verliert sie viel ihres Aromas und die Dosierung sollte entsprechend angepasst werden.

In der süßen Küche harmoniert Zitronenmelisse besonders gut mit Aprikosen, Erdbeeren und Himbeeren. Außerdem ist sie sehr gut zum Aromatisieren von Cremes geeignet.

ZITRONENMELISSE

RHABARBERKUCHEN MIT ZITRONENMELISSE

1 Springform,
24–26 cm Durchmesser

Zubereitungszeit: 45 Minuten
Backzeit: 60–75 Minuten

Teig

250 g Rhabarber

350 g Zucker

30 g Zitronenmelisseblätter (ca. 2 große Handvoll)

225 g Mehl

1 Prise Salz

1 TL Backpulver

115 g weiche Butter

2 Eier (Größe L)

Belag

300 g Rhabarber, in 2 cm große Stücke geschnitten

Puderzucker zum Bestäuben

❶ Rhabarber waschen, falls nötig entfädeln und klein schneiden. Rhabarber, 100 g Zucker und 1–2 Esslöffel Wasser in einem Topf bei niedriger bis mittlerer Hitze weich dünsten. Dann die Temperatur hoch schalten und die Flüssigkeit einkochen lassen. Vom Herd nehmen und erkalten lassen. Zitronenmelisseblätter zugeben und den Rhabarber fein pürieren.

❷ Backofen auf 170 °C vorheizen. Die Backform einfetten und mit Mehl bestäuben. Überschüssiges Mehl ausklopfen.

❸ Mehl, Salz und Backpulver in eine Schüssel sieben.

❹ In einer Rührschüssel Butter und 250 g Zucker zu einer hellen, schaumigen Masse rühren. Nacheinander die Eier hinzugeben. Jedes Ei gut einarbeiten. Dann die Mehlmischung einrühren. Zuletzt das Rhabarberpüree unterheben.

❺ Den Teig in die vorbereitete Backform füllen. Für den Belag den Rhabarber waschen, falls nötig entfädeln und in 2 cm große Stücke schneiden. Den Kuchen mit den Rhabarberstücken belegen und auf der mittleren Schiene für ca. 60–75 Minuten goldbraun backen. Den fertigen Kuchen 15 Minuten ruhen lassen, dann erst aus der Form lösen und zum Abkühlen auf ein Kuchengitter setzen. Vor dem Servieren mit Puderzucker bestäuben.

SHORTCAKE MIT ZITRONENMELISSE

2 Springformen, 24–26 cm Durchmesser, 1 Tortenring (optional)
Zubereitungszeit: 40 Minuten
Backzeit pro Boden: 20–30 Minuten
Kühlzeit Sahne: 12 Stunden
Kühlzeit Shortcake: 2–3 Stunden

Füllung

300 g Sahne

35 g Zitronenmelisse (ca. 2 große Handvoll Blätter)

10 Blatt Gelatine

150 ml Zitronensaft

abgeriebene Schale von 1 Bio-Zitrone

3 Eigelb (Größe L)

150 g Zucker

20 g Stärkemehl

25 g Butter

250 g griechischer Joghurt

Puderzucker zum Bestäuben

Teig

225 g weiche Butter

75 g Zucker

1 Päckchen Vanillezucker oder etwas gemahlene Vanille

3 Eigelb (Größe L)

225 g Mehl

1 TL Backpulver

1 Prise Salz

❶ Für die Füllung Sahne und Zitronenmelisse in ein Gefäß geben und für 12 Stunden im Kühlschrank ziehen lassen.

❷ Backofen auf 180 °C vorheizen. Die Böden der Springformen leicht einfetten.

❸ Für den Teig Butter, Zucker und Vanillezucker cremig rühren. Nacheinander die Eigelbe unterrühren. Mehl, Backpulver und Salz hinzufügen und zu einem glatten Teig verarbeiten.

❹ Die Teigmenge halbieren und je eine Hälfte auf die Böden der Springformen streichen.

❺ Die Böden auf mittlerer Schiene für ca. 20–30 Minuten goldbraun backen.

❻ Einen der Böden sofort nach dem Backen und noch in der Springform mit einem scharfen Messer in die gewünschte Anzahl von Tortenstücken unterteilen. Auskühlen lassen. Den unteren Boden in die mit Frischhaltefolie ausgeschlagene Springform geben oder mit einem Tortenring umschließen.

❼ Für die Füllung die Gelatine in kaltem Wasser einweichen. Zitronensaft und Zitronenabrieb in einen Topf geben und kurz aufkochen lassen. In einer hitzebeständigen Schüssel Eigelbe, Zucker und Stärkemehl verrühren. Den heißen Zitronensaft unter Rühren einfließen lassen. Die Mischung zurück in den Topf geben und so lange rühren, bis die Flüssigkeit eingedickt ist. Vom Herd nehmen und die ausgedrückte Gelatine darin auflösen. Die Butter unterrühren. Die Creme auf Zimmertemperatur abkühlen lassen, dann den Joghurt untermischen. Die Sahne durch ein Sieb gießen, steif schlagen und unterheben. Die Creme auf den unteren Boden streichen, den in Tortenstücke geteilten Boden daraufsetzen und kalt stellen.

❽ Kurz vor dem Servieren mit Puderzucker bestäuben.

ZITRONENVERBENE

Die ursprüngliche Heimat der Zitronenverbene liegt in Südamerika. In der Naturmedizin wird die Pflanze bei Verdauungsproblemen, Erkältungen und depressiven Verstimmungen eingesetzt. Sie wirkt außerdem entzündungshemmend, schmerzlindernd, antibakteriell und muskelentspannend.

Die Zitronenverbene duftet sehr stark nach Zitrone. Der Geschmack ist aber nur wenig säuerlich und leicht bitter. Die Pflanze verträgt keinen Frost, aber man kann sie in Töpfen anpflanzen, die im Winter über ins Haus geholt werden.

In der süßen Küche verfeinert die Zitronenverbene in erster Linie Cremes und Eis.

ZITRONENVERBENE

FRANKFURTER KRANZ MIT ZITRONENVERBENE

1 Springform mit Ringeinsatz, 22–24 cm Durchmesser

Zubereitungszeit: 50 Minuten
Backzeit: 1 Stunde

Teig

250 g Stärkemehl

1 gestrichener TL Backpulver

1 Prise Salz

250 g weiche Butter

250 g Puderzucker

4 zimmerwarme Eier (Größe L)

Füllung

250 ml Vollmilch

15 g Zitronenverbeneblätter (ca. 3 EL)

3 Eigelbe (Größe L)

1 Päckchen Vanillezucker oder etwas gemahlene Vanille

50 g Zucker

25 g Stärkemehl

200 g zimmerwarme Butter

100 g gehobelte Mandeln, leicht angeröstet

200 g Beeren zum Dekorieren

❶ Backofen auf 170 °C vorheizen. Die Backform einfetten und mit Mehl bestäuben. Überschüssiges Mehl ausklopfen. Für den Teig Stärkemehl, Backpulver und Salz in eine Schüssel sieben.

❷ Butter und Puderzucker sehr schaumig rühren. Das kann bis zu 10 Minuten dauern. Nacheinander die Eier unterrühren. Jedes Ei gut einarbeiten. Dann die Mehlmischung unterrühren. Den Teig in die vorbereitete Backform füllen und auf der mittleren Schiene für ca. 1 Stunde goldbraun backen.

❸ Für die Füllung Milch und Zitronenverbene in einen Topf geben. Kurz aufkochen lassen. Vom Herd nehmen und 30 Minuten ziehen lassen. In einer hitzebeständigen Schüssel Eigelbe, Vanillezucker, Zucker und Stärkemehl verrühren. Die Milch durch ein Sieb gießen und nochmals zum Kochen bringen. Die heiße Flüssigkeit in einem dünnen Strahl und unter Rühren in die Eigelbmischung fließen lassen. Die Eiermilch zurück in den Topf füllen und bei niedriger Hitze rühren, bis die Flüssigkeit andickt. Die Creme in eine kleine Schüssel oder auf einen flachen Teller füllen und Frischhaltefolie direkt auf die Oberfläche legen. Auf Raumtemperatur abkühlen lassen.

❹ Butter schaumig rühren. Dann Esslöffel für Esslöffel die Creme zugeben. Den Kranz waagerecht halbieren und den unteren Teil mit einem Drittel der Buttercreme bestreichen. Den oberen Kranz auf die Creme setzen und mit der restlichen Buttercreme rundherum bestreichen.

❺ Mit den gehobelten Mandeln bestreuen. Bis zum Servieren kalt stellen. Kurz vor dem Servieren mit Beeren dekorieren.

ZITRONENVERBENE

KLEINE CHEESECAKES MIT ZITRONENVERBENE

Für ca. 20–25 Stück

1 rechteckige Backform, ca. 30 × 20 cm, mit Backpapier ausgelegt

Zubereitungszeit: 35 Minuten
Kühlzeit: 3 Stunden

Keksboden

200 g kernige Kekse mit Vollkornmehlanteil

100 g Butter

Füllung

400 g Crème fraîche

20 g Zitronenverbene (ca. 1 Handvoll)

250 g weiße Schokolade

400 g Mascarpone

❶ Die Kekse in einen Frischhaltebeutel füllen und mit dem Nudelholz fein zerbröseln. Die Butter schmelzen lassen. Die geschmolzene Butter mit den Keksbröseln mischen. Die Mischung fest in die mit Backpapier ausgelegte Backform pressen.

❷ Crème fraîche und Zitronenverbene in einen Topf geben und erwärmen, aber nicht kochen lassen. 30 Minuten ziehen lassen.

❸ Die Schokolade über dem Wasserbad bei kleiner Temperatur schmelzen lassen. Crème fraîche durch ein Sieb streichen und mit dem Mascarpone verrühren. Dann die geschmolzene Schokolade unterrühren. Die Füllung auf den Keksboden streichen und ca. 3 Stunden kühl stellen.

❹ Kurz vor dem Servieren in kleine, quadratische Stücke schneiden.

Wenn Ihnen der Boden zu bröselig erscheint, können Sie etwas mehr Butter (bis 50 g mehr) hinzufügen, oder auch ca. 50 g fein geriebene weiße Schokolade untermischen.

DILL, KERBEL, KORIANDER, LORBEER UND MAJORAN

DILL

Frischer Dill hält sich in einer Plastiktüte verpackt gut einige Tage im Kühlschrank. Er lässt sich außerdem sehr gut einfrieren. Dillspitzen niemals lange mitkochen, sondern erst kurz vor dem Servieren den Gerichten beifügen. Man kann aber die Stiele mitkochen, die ein gutes Dillaroma abgeben. Der Geschmack von Dill ist herb und süßlich.

In der süßen Küche harmoniert Dill in erster Linie mit Milchprodukten.

KERBEL

Kerbel enthält viele Vitamine, insbesondere Vitamin C, und wirkt zudem entschlackend und den Kreislauf anregend.

Er schmeckt leicht süßlich, etwas pikant und hat eine feine Anisnote. Geschnittener Kerbel hält sich für ein paar Tage, wenn man ihn in ein feuchtes Tuch wickelt und im Kühlschrank aufbewahrt.

Kerbel nicht mitkochen, sondern erst kurz vor dem Servieren den Speisen beimengen.

In der süßen Küche harmoniert Kerbel mit leicht säuerlichen Äpfeln.

KORIANDER

Koriander liebt man oder man hasst ihn. Er hat einen würzigen, leicht zitronenartigen und sehr individuellen Geschmack – die Korianderhasser nennen ihn „seifig".

Frischer Koriander sollte weder mitgekocht noch mitgebacken werden. Geschnittener Koriander sollte schnell verbraucht werden.

In der süßen Küche harmoniert frischer Koriander mit Sommerfrüchten.

LORBEER

Lorbeer ist sowohl Gewürz- als auch Heilpflanze. Die lederartigen Blätter wirken appetitanregend und verdauungsfördernd. Sie geben ein kräftiges, würziges Aroma ab, werden mitgekocht und vor dem Servieren oder Weiterverarbeitung entfernt.

Lorbeer kann als Zimmerpflanze gehalten werden. Frische Lorbeerblätter haben einen feineren und delikateren Geschmack als die getrockneten Blätter. Die Lorbeerblätter vor dem Kochen leicht einreißen, dann entwickeln sie ihr Aroma noch besser.

In der süßen Küche aromatisiert Lorbeer in erster Linie Cremes und passt sehr gut zu Schokolade.

MAJORAN

Majoran ist ein sehr beliebtes Gewürz in deftigen Gerichten. Man verwendet das Kraut entweder frisch oder getrocknet, wobei getrockneter Majoran ein noch intensiveres Aroma abgibt. Geschmacklich erinnert Majoran an Oregano und hat wie Oregano ein recht dominantes Aroma.

In der süßen Küche eignet sich Majoran zum Aromatisieren von Cremes. Wegen des dominanten Geschmacks sollte man ihn nur sehr vorsichtig dosieren.

DILL

DOPPELDECKER
MIT MANGO-DILL-MOUSSE

Für ca. 10 Stück
1–2 Backbleche mit
Backpapier ausgelegt,
1 runder Ausstecher (5–8 cm),
1 Spritzbeutel

Zubereitungszeit: 35 Minuten
Backzeit: 8–10 Minuten
Kühlzeit Taler: 1 Stunde
Kühlzeit Creme: ca. 1,5 Stunden

Teig

200 g Mehl

1 Prise Salz

50 g Puderzucker, gesiebt

100 g kalte Butter

1 Eigelb (Größe L)

Füllung

6 Blatt Gelatine

2 reife Mangos

30 g Dill

50 g Zucker
(nach Geschmack)

250 g Sahne

Puderzucker zum Bestäuben

❶ Alle Zutaten für die kleinen Böden in eine Schüssel geben und zügig zu einem glatten Teig verarbeiten. Das geht am besten per Hand. Den Teig mindestens 1 Stunde im Kühlschrank ruhen lassen.

❷ Backofen auf 200 °C vorheizen.

❸ Den Teig ca. 3 mm dick ausrollen, mit dem Ausstecher kleine Kreise ausstechen und auf das Backblech setzen. Auf der mittleren Schiene für ca. 8–10 Minuten goldbraun backen.

❹ Für die Füllung Gelatine in kaltem Wasser einweichen. Mangos schälen und das Fruchtfleisch vom Stein herunterschneiden. Das Mangofruchtfleisch mit Dill und Zucker fein pürieren. Die Gelatine mit etwas Einweichwasser in einem Topf bei niedriger Hitze auflösen. 2–3 Esslöffel des Pürees unterrühren, um die Temperatur anzugleichen. Mit dem restlichen Püree verrühren. Kalt stellen. Sobald die Gelatine beginnt fest zu werden, die Sahne steif schlagen und unterheben. Kalt stellen.

❺ Kurz vor dem Servieren die Creme kurz aufschlagen und in einen Spritzbeutel füllen. Die Füllung auf die unteren Böden spritzen und jeweils einen Keksdeckel daraufsetzen. Mit Puderzucker bestäuben.

KERBEL

GRÜNE APFELTARTE MIT KERBEL

1 Springform,
24–26 cm Durchmesser,
1 Tortenring (optional)

Zubereitungszeit: 45 Minuten
Backzeit: 20 Minuten
Kühlzeit: 2–3 Stunden

Wiener Boden
35 g Butter
3 Eier (Größe L)
1 Prise Salz
65 g Zucker
50 g Mehl, gesiebt
1 Päckchen Vanillezucker oder etwas gemahlene Vanille

Füllung
10 Blatt Gelatine
4 Granny-Smith-Äpfel
35 g Kerbelblättchen
Saft von 1 Zitrone
125 g Zucker
250 g Joghurt
200 g Sahne

❶ Backofen auf 180 °C vorheizen.

❷ Den Boden der Springform leicht einfetten. Die Butter schmelzen lassen.

❸ Die Eier trennen. Eiweiß und Salz in einer sauberen, fettfreien Schüssel zu einem steifen Schnee schlagen.

❹ In einer weiteren Schüssel Eigelbe, Zucker und Vanillezucker zu einer hellen, schaumigen Masse rühren. Das kann ein paar Minuten dauern.

❺ Das Mehl auf die Eigelbmasse sieben und zusammen mit dem Eischnee vorsichtig unterheben. Zum Schluss behutsam die flüssige Butter unterrühren.

❻ Den Teig in die vorbereitete Backform füllen und auf mittlerer Schiene ca. 20 Minuten goldbraun backen. Aus der Form nehmen und vollständig auskühlen lassen.

❼ Den Boden mit einem Tortenring umschließen oder zurück in die mit Frischhaltefolie ausgelegte Springform legen.

❽ Für die Füllung die Gelatine in kaltem Wasser einweichen. Die Äpfel waschen, vierteln und entkernen. Apfelspalten, Kerbel, Zitronensaft, Zucker und Joghurt fein pürieren. Die Gelatine mit etwas Einweichwasser in einem Topf bei niedriger Hitze auflösen. 3–4 Esslöffel des Pürees unterrühren, um die Temperatur anzugleichen. Dann sorgfältig mit dem restlichen Püree verrühren. Sobald die Gelatine beginnt fest zu werden, die Sahne steif schlagen und unterheben. Die Füllung auf den Boden streichen und mehrere Stunden kalt stellen.

KORIANDER

MARACUJATARTE MIT KORIANDER

1 Tarteform oder 1 Springform, 24–26 cm Durchmesser

Getrocknete Hülsenfrüchte zum Blindbacken

Zubereitungszeit: 45 Minuten
Backzeit: 30 Minuten
Kühlzeit Teig: 1 Stunde
Kühlzeit Creme: 1–2 Stunden

Mürbeteig

125 g Butter

100 g Puderzucker

1 Ei (Größe L)

250 g Mehl

1 Prise Salz

Füllung

4 Blatt Gelatine

250 g Maracujafruchtfleisch (ca. 20 reife Maracujas)

250 g Sahne

80 ml Milch

6 Eigelb (Größe L)

100 g Zucker

1 Päckchen Vanillezucker oder etwas gemahlene Vanille

6 g frische Korianderblättchen (ca. 1 EL), fein gehackt und ein paar Blättchen zum Dekorieren

❶ Alle Zutaten für den Mürbeteig in eine Schüssel geben und zügig zu einem glatten Teig verarbeiten. Den Teig mindestens 1 Stunde im Kühlschrank ruhen lassen.

❷ Backofen auf 180 °C vorheizen. Die Backform einfetten.

❸ Den Teig ausrollen und den Boden und die Ränder der Form damit auslegen. Den Teigboden mehrmals mit einer Gabel einstechen. Ein Stück Backpapier auf den Teig legen und die Form mit den Hülsenfrüchten füllen.

❹ Auf mittlerer Schiene für ca. 20 Minuten blindbacken. Backpapier und Hülsenfrüchte entfernen und den Boden für weitere 10 Minuten goldbraun backen. Vollständig auskühlen lassen.

❺ Die Gelatine in kaltem Wasser einweichen. Das Maracujafruchtfleisch durch ein Sieb streichen. Die Kerne für die Dekoration beiseitelegen. Maracujasaft, 50 g Sahne und Milch in einen Topf geben und zum Kochen bringen. Eigelbe, Zucker und Vanillezucker in einer hitzebeständigen Schüssel verrühren. Die heiße Maracuja-Milch in dünnem Strahl unter Rühren dazugießen. Zurück in den Topf geben und bei milder Hitze rühren, bis die Flüssigkeit beginnt einzudicken. Nicht kochen lassen! Vom Herd nehmen und die ausgedrückte Gelatine darin auflösen. Kalt stellen.

❻ Sobald die Gelatine beginnt fest zu werden, 200 g Sahne steif schlagen und zusammen mit den Korianderblättchen behutsam unterheben. Kalt stellen.

❼ Die Creme auf den abgekühlten Boden häufen. Mit einigen Maracujakernen und Korianderblättchen dekorieren.

LORBEER

GRIEßRAUTEN MIT FRISCHEM LORBEER

1 rechteckige Backform, ca. 22 × 32 cm

Getrocknete Hülsenfrüchte zum Blindbacken

Zubereitungszeit: 40 Minuten
Backzeit Boden: 10 Minuten
Backzeit mit Füllung: 30 Minuten

Füllung

1 l Vollmilch

10 frische Lorbeerblätter

250 g Zucker

1 Päckchen Vanillezucker oder etwas gemahlene Vanille

120 g Butter

320 g Grieß

6 Eigelb (Größe L)

70 g gehobelte Mandeln zum Bestreuen

Teig

1 Rolle Blätterteig aus dem Kühlregal

❶ Milch und Lorbeerblätter in einen Topf geben und bis kurz vor dem Siedepunkt erhitzen. Vom Herd nehmen und für 30 Minuten ziehen lassen.

❷ Die Lorbeerblätter aus der Milch fischen. Milch, Zucker, Vanillezucker und Butter zum Kochen bringen. Den Grieß einstreuen. Für ca. 1 Minute unter Rühren köcheln lassen, vom Herd nehmen und 5 Minuten quellen lassen. Dann die Eigelbe unterrühren

❸ Backofen auf 200 °C vorheizen.

❹ Die Backform einfetten, mit einem Blatt Backpapier auskleiden und den Blätterteig darauf ausbreiten. Den Teigboden mehrmals mit einer Gabel einstechen. Ein zweites Blatt Backpapier auf den Teig legen und die Form mit den Hülsenfrüchten füllen.

❺ Auf mittlerer Schiene für ca. 10 Minuten blindbacken. Backpapier und Hülsenfrüchte entfernen.

❻ Die Füllung gleichmäßig auf den Boden streichen und mit den gehobelten Mandeln bestreuen. Auf der mittleren Schiene für ca. 30 Minuten backen.

❼ Die fertige Tarte in der Form auskühlen lassen. Vor dem Servieren in kleine Rauten oder Rechtecke schneiden.

MAJORAN

ERDBEERTARTE MIT MAJORAN

1 Tarteform oder 1 Springform, 24–26 cm Durchmesser, 1 Spritzbeutel

Getrocknete Hülsenfrüchte zum Blindbacken

Zubereitungszeit: 40 Minuten
Backzeit: 30 Minuten
Kühlzeit: 1 Stunde

Sablé-Boden

250 g Mehl

1 Prise Salz

100 g Puderzucker, gesiebt

175 g kalte Butter

1 Eigelb (Größe L)

Füllung

500 ml Vollmilch

15 g frischer Majoran (ca. 2 EL)

6 Eigelb (Größe L)

100 g Zucker

40 g Stärkemehl

200 g Sahne

Topping

500 g Erdbeeren

❶ Alle Zutaten für den Sablé-Boden in eine Schüssel geben und zügig zu einem glatten Teig verarbeiten. Das geht am besten per Hand. Den Teig mindestens 1 Stunde im Kühlschrank ruhen lassen.

❷ Für die Füllung Milch in einem Topf kurz aufkochen lassen. Vom Herd nehmen, den Majoran hinzufügen und 30 Minuten ziehen lassen. Eigelbe in einer hitzebeständigen Schüssel mit Zucker und Stärkemehl verrühren. Die Milch durch ein Sieb gießen und nochmals aufkochen. Die heiße Milch in einem dünnen Strahl und unter Rühren in die Eigelbmischung fließen lassen. Die Flüssigkeit zurück in den Topf geben und unter Rühren köcheln lassen, bis sie eingedickt ist. Die Creme in eine kleine Schüssel füllen und Frischhaltefolie direkt auf die Oberfläche legen. Bis zum weiteren Gebrauch kalt stellen.

❸ Backofen auf 180 °C vorheizen.

❹ Die Backform einfetten und gegebenenfalls den Boden mit einem auf die Form zugeschnittenen Stück Backpapier auslegen.

❺ Den Teig ausrollen und den Boden und die Ränder der Form damit auslegen. Den Teigboden mehrmals mit einer Gabel einstechen. Ein Stück Backpapier auf den Teig legen und die Form mit den Hülsenfrüchten füllen.

❻ Auf mittlerer Schiene für ca. 20 Minuten blindbacken. Backpapier und Hülsenfrüchte entfernen und den Boden für weitere 10 Minuten goldbraun backen. Vollständig auskühlen lassen.

❼ Kurz vor dem Servieren Sahne steif schlagen und unter die Creme heben. ⅔ der Creme auf den Tarteboden häufen oder streichen. Die restliche Creme in den Spritzbeutel füllen. Erdbeeren waschen, putzen, auf die Füllung setzen und kleine Cremetuffs in die Zwischenräume spritzen.

REZEPTE UND KRÄUTER SCHNELL FINDEN

A
Apfeltarte mit Kerbel   119

B
Basilikum   9
Biskuitteig   7
Brombeer-Mango-Tarte mit Duftgeraniencreme   21
Brownies mit Zitronengras   97
Buttermilchkuchen mit Maracuja und Thymian   89

C
Cheesecakes mit Zitronenverbene   113

D
Dill   114
Doppeldecker mit Mango-Dill-Mousse   117
Duftgeranien   17
Duftgeranienkuchen mit Frischkäse   19
Duftpelargonien   17

E
Eischnee   7
Erdbeertarte mit Basilikum-Ganache   11
Erdbeertarte mit Holunderblüten-Joghurt-Mousse   33
Erdbeertarte mit Majoran   125
Erdbeertarte mit Rosmarin   75
Estragon   23

F
Florentiner mit Cranberries, Rosenwasser und Rosenblüten   67
Frankfurter Kranz mit Zitronenverbene   111

G
Grapefruittarte mit Minze   45
Grießrauten mit frischem Lorbeer   123
Grüne Apfeltarte mit Kerbel   119

H
Himbeerkuchen mit Salbei   83
Holunder   29
Holunderblüten – Ernte   29

K
Kerbel   114
Kokosküchlein mit Zitronengras   99
Koriander   115
Küchlein mit Pfirsich-Basilikum-Salat   15

L
Lavendel   35
Limettenmuffins mit Estragon   27
Lorbeer   115

Majoran   115
Mandeltarte mit Rosmarinpfirsichen   77
Maracujatarte mit Koriander   121
Minze   43
Mürbeteig   7

Orangenkuchen mit Joghurt und
    Ringelblumenblüten   61

Papayaküchlein mit Minze   47
Pesto   9
Petersilie   53
Petersilien-Rechtecke mit
    weißer Schokolade   57

Quark-Himbeer-Törtchen mit Petersilie   55

Rhabarberkuchen mit Zitronenmelisse   105
Ringelblumenblüten   59
Rosenblüten   65
Rosen-Eclairs   69
Rosenring mit Beeren und Sahnewolke   71
Rührteig   7

Salbei   81
Schokoladenkuchen mit Lavendel   41
Schokoladenmuffins mit Aprikosen
    und Rosmarin   79
Schokoladentarte mit Minze
    und Erdbeeren   51
Shortbread mit frischer Minze   49
Shortcake mit Zitronenmelisse   107
Stäbchenprobe   7

Tarte Tatin mit Äpfeln, Birnen
    und Thymian   91
Thymian   87
Thymian-Cookies mit Schokolade   93

Vanillecremetarte mit Erdbeeren
    und süßem Pesto   13

Waffeln mit Salbei und glasierten Äpfeln   85
Wasserbad – Schokolade schmelzen   7

Zitronengras   95
Zitronengras-Panna-Cotta-Tarte   101
Zitronenmelisse   103
Zitronenverbene   109

ZUM WEITERLESEN

Cosima Bellersen Quirini: **Am besten hausgemacht.** Ulmer 2015
Ursel Bühring: **Heilpflanzenrezepte.** Ulmer 2015
Coco Burckhardt: **Alles aus Wildpflanzen.** Ulmer 2015
Anja Donnermeyer: **Backen ohne Mehl.** Ulmer 2016
Joanna Karon: **Schwäbisch vegetarisch.** Ulmer 2016
Christine Recht: **Ernte am Wegrand.** Ulmer 2013
Christine Volm: **wild & roh – Die besten Smoothies mit Wildpflanzen.** Ulmer 2015

DIE AUTORIN

Petra Katrin Scott ist gebürtige Hamburgerin und hat ihre Leidenschaft für das Kochen und Backen schon früh in ihrer Kindheit entdeckt. Sie ist immer auf der Jagd nach neuen Rezepten, Zutaten und Aromen aus aller Welt, entwickelt begeistert innovative, ungewöhnliche Rezepte, probiert neue Aromen aus und kocht und backt für Veranstaltungen und festliche Anlässe. Mit ihrem Mann und ihrer Hündin Maggie lebt sie heute in unmittelbarer Nähe von Hamburg.

BILDQUELLEN

Alle Fotos und auch das Titelfoto stammen von Heike Schmidt-Röger (www.schmidt-roeger.de).
Hintergrundfoto Holzstruktur: Smaliar Iryna/Shutterstock.com

IMPRESSUM

Die in diesem Buch enthaltenen Empfehlungen und Angaben sind von der Autorin mit größter Sorgfalt zusammengestellt und geprüft worden. Eine Garantie für die Richtigkeit der Angaben kann aber nicht gegeben werden. Autorin und Verlag übernehmen keine Haftung für Schäden und Unfälle. Bitte setzen Sie bei der Anwendung der in diesem Buch enthaltenen Empfehlungen Ihr persönliches Urteilsvermögen ein. Der Verlag Eugen Ulmer ist nicht verantwortlich für die Inhalte der im Buch genannten Websites.

Bibliografische Information der Deutschen Nationalbibliothek
Die Deutsche Nationalbibliothek verzeichnet diese Publikation in der Deutschen Nationalbibliografie; detaillierte bibliografische Daten sind im Internet über http://dnb.d-nb.de abrufbar.

Das Werk einschließlich aller seiner Teile ist urheberrechtlich geschützt. Jede Verwertung außerhalb der engen Grenzen des Urheberrechtsgesetzes ist ohne Zustimmung des Verlages unzulässig und strafbar. Das gilt insbesondere für Vervielfältigungen, Übersetzungen, Mikroverfilmungen und die Einspeicherung und Verarbeitung in elektronischen Systemen.

© 2017 Eugen Ulmer KG
Wollgrasweg 41,
70599 Stuttgart (Hohenheim)
E-Mail: info@ulmer.de
Internet: www.ulmer-verlag.de

Lektorat:
Anja Fleischhauer, Antje Munk
Herstellung:
Gabriele Wieczorek
Umschlagentwurf, Layout, Satz und Illustrationen:
Antje Warnecke, nordendesign.de
Reproduktion:
timeRay, Herrenberg
Druck und Bindung:
Westermann Druck, Zwickau
Printed in Germany

ISBN 978-3-8001-0836-7